HUMANITIES

人文学宣言

山室信一 編

ナカニシヤ出版

は じ め に

　本書は、2007年度から始まった京都大学人文科学研究所の共同研究「第一次世界大戦の総合的研究」および「現代／世界とは何か——人文学の視点から」に集った班員のうち、次に掲げる「呼びかけ」に応じて戴いた有志の「わたしの人文学宣言」をまとめたものである。

　わたしたちは、第一次世界大戦を「現代の起点」として捉えるという視点を打ち出した論集を『現代の起点　第一次世界大戦』（第1巻——世界戦争、第2巻——総力戦、第3巻——精神の変容、第4巻——遺産）として岩波書店から出版したほか、人文書院から『レクチャー第一次世界大戦を考える』シリーズ（2018年現在、既刊12冊）を刊行してきている。

　また、その間、2014年には英・米・独・仏各国の研究者とともに国際ワークショップ「第一次世界大戦再考——100年後の日本で考える」（その報告の一端は、『思想』2014年10月号所掲）を、また2016年には韓国・台湾・中国の研究者とともに国際学術会議「東アジアにおける歴史認識と歴史教育——人文・社会科学の課題と可能性」を開催するなどの学術交流を進めるなかで、「現代」とは何か、「世界」とは何か、そこにおける「人文・社会諸科学」（なお、日々に細分化する「人文・社会諸科学」を統合的に考察するために、わたしたちは「人文学」と汎称することとしている）はいかなる存在態様と存在意義をもって来たのか——という問いを、それぞれの研究対象・研究分野のなかで反芻してきた。

ゴーギャン「われわれはどこから来たのか

　この「問いそのものを問う」ということを課題とするなかで、わたしたちは最大公約数的に縮約して言えば、次のような2つの問いを原点として共有してきたのではないかと思う。すなわち、第1に

「われわれはどこから来たのか　われわれは何ものなのか　われわれはどこへ行くのか」

という人間存在に関する根源的な問いである。そして、第2に

「われわれはどんな方法でわれわれに必要な科学をわれわれのものに

はじめに

「われわれは何ものなのか　われわれはどこへ行くのか」

できるのか」

という科学＝学知に関する方法論的な問いであった。

　第1の言葉は、言うまでもなく画家のポール・ゴーギャンが1897年に自らの造形的遺言状とも言える畢生の大作につけたタイトルに他ならない。そして、ゴーギャンの意図を離れて、この言葉こそ「人文学」研究を志す人にとって、最初の問いかけであるとともに最終的な回答となるべきはずのものであると思われる。

　もちろん、この「われわれ」は「どこから来たのか」・「何ものな

iii

か」・「どこへ行くのか」という３つの問いに対しては、永久に確定的な答えを出せないであろう。なぜなら、これらの問いを自らの研究に即して問いかけ、吟味することを永遠なる循環運動として続けていくことこそが、「人文学を研究する」という営為に他ならないはずだからである。

　そして、第２の言葉は、宮沢賢治が1926年に「羅須地人協会」を興すにあたって配付した「集会案内」に掲げられたものである。もちろん、賢治がここで念頭に置いている「科学」とは直接的には農業科学に他ならなかったであろう。しかし、賢治にとっての科学とは何よりも生業の実学でなければならなかったし、生産者としての暮らし方そのものが芸術として花開くための基盤となるはずのものであった。そのような「生活知としての科学」や自らが唱えた「農民芸術」を「われわれ」のものとして共有するためにこそ、「羅須地人協会」という人々が集う場が必要であった。

　そして、賢治がそこで実現しようとした科学と芸術の一体化という方向性を示すために書かれたのが、「近代科学の実証と求道者たちの実験とわれらの直観の一致に於て論じたい／世界がぜんたい幸福にならないうちは個人の幸福はあり得ない」といったマニフェストを含む「農民芸術概論綱要」であり、教材絵図や詩や童話だったのである。

　しかしながら、ゴーギャンと賢治の２つの言葉に現れる「われわれ」は、そのまま「わたし」と距たりなく結ばれているわけではない。

　そもそもゴーギャンの絵のタイトルは、カーライルの『衣装哲学（*Sartor Resartus*）』第１部第８章にある「確かに、いま、わたしはいる。だが、つい先頃まではいなかった。わたしはどこから来たか、いかにして在り、そして、どこに行くのか」という一節に示唆を得たも

のといわれている。そこで問われるべきは、先ずは「わたし」であった。

　同様に、「農民芸術概論綱要」で「おお朋だちよ　いっしょに正しい力を併せ　われらのすべての田園とわれらのすべての生活を一つの巨きな第四次元の芸術に創りあげようでないか」と呼びかけた賢治も、「しかもわれらは各々感じ　各別各異に生きてゐる」として別異なる個性の発揚をこそ最も尊重していたのである。

　確かに、「わたし」のないところに、「われわれ」はない。

　しかし、「わたし」としての個人は、言葉を使う存在として既に「われわれ」の間に置かれている。さらに、「人文学」研究に携わった瞬間から、先人の業績や同じ研究分野の研究者との意識的・無意識的交わりのなかで活動している。

　いや、一般論は措くとしても、わたしたちは何よりも同じ研究テーマを追求する共同研究班に集ったものとして、「われわれ」を意識しないということはありえなかった。とはいえ、それぞれに異なった考えと研究背景をもっている「わたし」は、「われわれ」を代表することも僭称することもできはしない。あくまでも、そのことを前提として「われわれ」の問題を解くには、まずそれを「わたし」の問題として自らに問いかけ、それらの中から共通の根を見いだしていく努力を重ねる必要があるのではないか。

　本書は、こうして間主観性（Intersubjektivität）をもった存在としての「わたし」が「わたしの中のわれわれ」を意識しつつ、それぞれの研究を踏まえて先ずは訴えたいことを「わたしの人文学宣言」として綴ったものである。

　ここには教育や研究の現場で直面する悩みや戸惑い、そしてそれら

にどのように対応し、何を課題としているかなど、「わたし」の本音が率直に吐露されている。そして、そのことによって前に掲げたゴーギャンと宮沢賢治の言葉に提示された問いかけに応えようとしたものである。

　そのことを踏まえて、本書では一応の章分けとして「第1章　われわれはどこから来たのか」、「第2章　われわれは何ものなのか」、「第3章　われわれはどこへ行くのか」という構成を取っている。しかし、これら3つの章にわたる問いかけは不可分に結びついており、それぞれの宣言が、その章のタイトルに即応し、限定されたものではないことを予め御諒解戴きたい。

　わたしたちは、この宣言集がこれで終わるものだとは思っていない。これは数年後、数十年後に筆者自身が、自らの歩みを振り返るための道標となるべきはずのものである。

　いや、わたしたちが更なる願いとしているのは、「人文系学部の危機」や「大学の危機」が声高に喧伝される時代においても「人文学」研究に志す学徒が絶えることなく、新たな「人文学宣言」が、この本の読者である「あなた」によって書き加えられていく――という展開そのものなのである。

　なお、本書の刊行に際し、京都大学人文科学研究所の共同利用・共同研究拠点経費による共同研究成果刊行事業から援助を戴いたことに深く感謝申し上げます。

　そして末尾ながら改めて深謝しなければならないのは、厳しい出版状況の中、ナカニシヤ出版・酒井敏行氏が「この本は、今だからこそ

はじめに

出さなければならない」という強い意志を貫いて戴いたことです。酒井氏の人文・社会科学の未来に対する危機感と次代を担う研究者に対する信頼感なくしては、この本が日の目を見ることはなかったはずです。

　酒井氏の沈着にして毅然たる編集者としての姿勢と義侠心に御礼申し上げます。

山 室 信 一

目　　次

はじめに　*i*

呼びかけ　*1*

第1章　われわれはどこから来たのか

歴史の前に立ちつくして ……………………… 野村真理　*10*

「小国外交史」から「グローバルな地域研究」へ…… 林　　忠行　*14*

文献学への回帰 ……………………………… 三原芳秋　*18*

『マリアの首』随想 ………………………… 小川佐和子　*22*

精神分析を含む人文学 ……………………… 立木康介　*26*

文学、人でなしの人文学 …………………… 藤井俊之　*30*

文学無用論 …………………………………… 森本淳生　*34*

誠実な独り相撲を見せる …………………… 金澤周作　*38*

文献学あるいは歴史の遠近法 ……………… 久保昭博　*42*

国際連盟の社会人道面での活動から国際連合へ …… 後藤春美　*46*

私の研究でも役に立ちますか？ …………… 服部　　伸　*50*

近代とその思考の方式──記述のシステムの変化から

　　　　　………………………… 森岡優紀　*54*

番狂わせの果てに …………………………… 八谷　　舞　*58*

最遠隔地から見た日本列島、日本人、そして四重構造の帝国

　　　　　………………………… 根川幸男　*62*

想像力、言葉、民主政 ……………………… 福元健之　*66*

暴力の経験史の構築に向けて ……………… 今井宏昌　*70*

脱人間の人文学 ……………………………… 藤原辰史　*74*

ix

第2章　われわれは何ものなのか

人文学と教養教育 …………………………………… 木畑洋一　*80*

人文学のあり方をめぐって──西洋史研究の現場から

　　　　　…………………………………… 南川高志　*84*

江戸が危ない──歴史学の「内憂外患」………… 岩城卓二　*88*

つなぐ人文学宣言 ……………………………… ホルカ・イリナ　*92*

人文学からの近代中国経済史 ………………………… 村上　衛　*96*

軍事研究は軍服を着ていない──学術会議声明とわたしたち

　　　　　………………………………… 井野瀬久美惠　*100*

分かりえないものに応える人文学 ………………… 上田和彦　*104*

現代世界における美術史学の地平 ………………… 大久保恭子　*108*

20世紀美術史からみた〈人文学〉の可能性 ……… 河本真理　*112*

不穏な物語とともに考えること ………………… 酒井朋子　*116*

「アジアびと」は人文学で育つ ………………… 早瀬晋三　*120*

国家と歴史の社会学に向けて ……………………… 朴　沙羅　*124*

大学で人文学を教えるということ ………… ヒロミ・ミズノ　*128*

「今」を知り「未来」を考えるための人文学──近代香港と公衆衛

　　生という視点から ………………………… 小堀慎悟　*132*

腐植土の人文学 ………………………………… 上尾真道　*136*

朝鮮史の普及をめざして ………………………… 小野容照　*140*

作品としての人文学 …………………………… 小関　隆　*144*

第3章　われわれはどこへ行くのか

私の人文学宣言 …………………………………… 三輪眞弘　*150*

人文学の「自己弁護」──アメリカの事例から … 中野耕太郎　*154*

労働リテラシーという人文学の課題 ……………… 小野塚知二　*158*

科学の詩学にむけて …………………………… 石井美保　*162*

〈冷戦2.0〉と人文学の使命 …………………… 佐藤淳二　*166*

目　　次

自然の世界と人間の世界 ……………………………… 瀬戸口明久　*170*

私にとっての人文学 …………………………………… 池田嘉郎　*174*

人文学と創　造　性 …………………………………… 大浦康介　*178*
　　　　クリエイティヴィティー

人文科学研究にまつわるゼロリスク ………………… 川合大輔　*182*

人文学とグローバル化──「投資社会」論の可能性

　　　　………………………………………… 坂本優一郎　*186*

南アジアの歴史人類学 ………………………………… 田辺明生　*190*

語りとジェンダー──「小さな物語」のなかの戦争体験

　　　　…………………………………………… 林田敏子　*194*

現代世界における「広義の軍事史」──政治への提言をめざして

　　　　…………………………………………… 布施将夫　*198*

空間学と思詞学への復初 ……………………………… 山室信一　*202*

コダーイは接近遭遇の夢をみるか？ ………………… 伊東信宏　*206*

「人文学の使命」と「橋を架ける」こと ………… 中本真生子　*210*

ストーリーの新しい「形式」を芸術に学ぶ ………… 岡田暁生　*214*

xi

呼びかけ

　わたしたちは第一次世界大戦を「現代の起点」として捉えた場合、現代世界はどのような特徴をもったものとして把握できるのであろうかという問題意識を共有しつつ、「第一次世界大戦に関する総合的研究」を経て、「現代／世界とは何か——人文学の視点から」という共同研究を続けてきました。

　そして、2018年は、第一次世界大戦休戦から100年、さらに世界各地で同時的に噴出した大学「紛争」から50年を数えました。

　第一次世界大戦中の1917年にマックス・ウエーバーは『職業としての学問』という講演をおこないました。そこでウエーバーは、学問の専門領域が分化していく中で、かつての神学や哲学が担っていたとされていた「真なる存在への道」を追求するという学問の理念は失われ、生の意義とは何かを学問に求めることなどできなくなっているのではないかと論じています。そして同時に、大学制度がアメリカ型に移行して、研究教育体制の官僚制化と研究成果の商品化（消費主義化）が昂進するとの予測を示していました。

　その予測は正鵠を射たものであったように思われますが、もちろんウエーバーは手放しでそうした事態に賛同していたわけではなく、研究者としてのポストが運や偶然で決まるとしても、にもかかわらず自らが探究の主体であり続けるという学問の運命に挑みかかる人に望みを託していたはずなのです。そして、研究者にとっての個性とはひた

すら自らが対象とする事実（Sache）に専心することであるとしながらも、研究者が「魂なき専門人」に堕することに憂慮の念を抱いていたようです。

　また、第一次世界大戦後の「現代／世界の危機」を「学問の危機」に起因すると考えたフッサールは1935年の講演を元に『ヨーロッパ諸学の危機と超越論的現象学』を著しましたが、そこでの「学問の危機」とは「その真の学問性、すなわち学問が自らの課題を立て、その課題をはたすために方法論を形成してきた、その仕方の全体が疑問になったこと」に他ならないと指摘していました。

　フッサールが指摘した、この"危機"が現時点で、どのように回避ないし克服されたのか、あるいは今なお続いているのかについても不問に付すことはできないはずです。

　他方、1917年に起きたロシア革命は、マルクス主義的唯物論によって人文・社会科学と自然科学との関係を捉え直す契機となりましたが、それに対抗する学知の興起を促すことにもなりました。それらの問題意識や研究分野や学派などを網羅することはできませんが、それ以後も精神分析における分析心理学・深層心理学、実存主義、行動科学革命と脱行動科学革命、構造主義、フランクフルト学派の社会哲学、アナール派に代表される社会史、言語論的転回、カルチュラル・スタディーズ、ポストコロニアリズムなどなどが、それぞれに同時代において学界に衝撃を与え、「パラダイムシフト」が喧伝されました。さらに女性史の視点からもウーマンリブやフェミニズムなどの研究・実践を通じて人文・社会科学や通念への問い直しが進められてきました。

　このようなパラダイム転換に日本の人文・社会科学も常に影響を受け、成果を挙げてきました。しかし、そのなかでいったい何が学問的

呼びかけ

資産として受け継がれてきたのか——わたしたちは改めてこれまでの歩みを確認し、そこから新たな一歩を踏み出すべき時機に際会しているのではないでしょうか？

　さて、ここで第一次世界大戦以後の日本の教育・研究体制に目を転じてみましょう。

　日本では、1918年に出された「大学令」によって、帝国大学以外にも初めて公立・私立の大学や単科大学の設置が認められ、「大学のマス化」が始まりました。また、東京・京都の両帝国大学では1919年に経済学部が創設されるなど、経済界の要求する人材を供給するための職業教育にも比重がかかるようになります。さらに、総力戦を遂行する「科学戦」を担う研究開発のために、大学に付置研究所が設立され、現在の科研費につながる研究助成金制度も整えられていきました。

　そして、戦後は「新制大学」制度によって更に多くの大学が創設され、新たに設置された教養部などが従来の高等学校などが担っていたリベラルアーツ教育の担い手となりました。しかし、1991年の「大学設置規準の大綱化」以降、教養部の廃止という流れのなかでリベラルアーツ教育のあり方にも再検討が迫られています。この大学設置基準の改正によって1979年には79種類であった学部名称が現在では500を超えるに至っています。

　また、国立大学に関して言えば、大学の自律性が高まるという名目の下に2004年４月１日から国立大学法人に移行しました。しかし、現在では大学が提出する「戦略」の評価に応じて「重点的支援」をおこなうという形式でのコントロールがおこなわれ、同時に大学財政の柱である運営費交付金は削減が続き、大学によっては大幅な人員削減を

3

呼びかけ

迫られる状況にあります。

　こうした動きとともに注視しておかなければならないのは、4年制大学を機能別に分ける「種別化」や「職業教育化」という流れです。

　2017年5月の学校教育法の改正によって実践的な職業教育をおこなう新たな高等教育機関として「専門職大学」「専門職短期大学」「専門職学科」が創設されることとなりました。これは従来の大学・短期大学とは設置基準・教育課程・学位などにおいてまったく異なる制度であり、1962年の5年制高等専門学校の発足、1964年のそれまで暫定的措置として認可されてきた短期大学の恒久化以来の高等教育制度の根本的な改編と言えます。新制度がスタートする2019年度以降、日本の大学制度は大学・短大・専門職大学・専門職短大の4つで構成される時代を迎えることになります。

　また、大学院についても1990年代からは大学院重点化がおこなわれ、大学院定員を急激に増加させたことにより、ポストドクター問題など多くの問題が顕在化しています。加えて、大学院においても2003年度以降は高度専門職業人を養成するための専門職大学院が設置されるなど、「職業教育化」が昂進しています。

　こうした短期大学・大学・大学院における「職業教育化」の流れの中で、国立大学法人における文系学部不要論をはじめとして、更なる「大学改革」が叫ばれています。今や大学は職業訓練所ともなり、また社会的発信をおこなう地域文化のセンターともなり、さらにはスポーツ振興を担うなど「マルチバーシティ」（Clark Kerr の造語）とでも言うべき多機能組織体となっていることも否定できません。

　また、少子高齢化が進行するなかで、大学・短期大学の整理統合がおこなわれ、講座数の減少や非常勤研究者の増加など人文・社会科学

の世代間継承にも課題が生じています。

　以上のような一連の動きに対して、「大学の危機」や「人文・社会科学の終焉」を危惧する声が挙がっていますが、これに対しては時代の変化に対応しないまま旧態依然たる研究体制や研究方法に胡座をかいて社会的責任を軽視してきた研究者自身にも反省すべき点があるとの批判も出ています。

　「大学令」制定から100年を経て、果たして、こうした幾多の変遷を重ねてきたなかで大学や研究所そして人文・社会科学研究のあり方は、どのように変化し、どこに問題があったと考えられるでしょうか？

　何よりも、人文・社会科学を専攻する教育者・研究者として、自らの存在理由はどこにあり、今後どのような研究分野と研究方法を取っていきたいと考えていらっしゃるでしょうか？

　これまで共同研究班に御参加戴くなかで、常に自問自答を繰り返されてきたであろう、こうした問題について忌憚のないお考えをお聞かせ戴きたいと思います。

　それによって、より多くの方々に人文・社会科学の存在意義とは何かについて御理解・御批判を戴くとともに、これから人文・社会科学を学ぼうとしている方々に何らかのヒントを提供することができればと願っています。

　以上のような趣旨をお酌み取り戴いた上で、まったく自由な立場から「他ではない自分自身にとっての研究・教育とは何か」・「今後、それをどのような研究テーマと方法によって展開していきたい」とお考えになっているのか、などを軸として「わたしの人文学宣言」を御執筆戴きますようにお願い申し上げます。

呼びかけ

参考法令

1．帝国大学令――明治19（1886）年3月2日・勅令第三号

第一条　帝国大学ハ国家ノ須要ニ応スル学術技芸ヲ教授シ及其蘊奥ヲ攷究スルヲ以テ目的トス

第二条　帝国大学ハ大学院及分科大学ヲ以テ構成ス　大学院ハ学術技芸ノ蘊奥ヲ攷究シ分科大学ハ学術技芸ノ理論及応用ヲ教授スル所トス

2．帝国大学令――大正8（1919）年2月7日・勅令第十二号

第一条　帝国大学ハ数個ノ学部ヲ総合シテ之ヲ構成ス

第二条　各大学ニ置ク学部ノ種類ハ別ニ勅令ヲ以テ之ヲ定ム

第三条　帝国大学ニ大学院ヲ置ク

3．大学令――大正7（1918）年12月6日・勅令第三百八十八号

第一条　大学ハ国家ニ須要ナル学術ノ理論及応用ヲ教授シ並其ノ蘊奥ヲ攷究スルヲ以テ目的トシ兼テ人格ノ陶冶及国家思想ノ涵養ニ留意スヘキモノトス

第二条　大学ニハ数個ノ学部ヲ置クヲ常例トス。但シ特別ノ必要アル場合ニ於テハ単ニ一個ノ学部ヲ置クモノヲ以テ一大学ト為スコトヲ得。学部ハ法学、医学、工学、文学、理学、農学、経済学及商学ノ各部トス

4．学校教育法――昭和22（1947）年3月31日・法律第二十六号

第八十三条　大学は、学術の中心として、広く知識を授けるとともに、深く専門の学芸を教授研究し、知的、道徳的及び応用的能力を展開させることを目的とする。

②　大学は、その目的を実現するための教育研究を行い、その成果を広く社会に提供することにより、社会の発展に寄与するものとする（本項は、2007年12月26日から施行）。

第八十三条の二　前条の大学のうち、深く専門の学芸を教授研究し、専門性が求められる職業を担うための実践的かつ応用的な能力を展開させることを目的とするものは、専門職大学とする。専門職大学は、文部科学大臣の定めるところにより、その専門性が求められる職業に就いている者、当該職業に関連する事業を行う者その他の関係者の協力を得て、教育課程を編成し、及び実施し、並びに教員の資質の向上を図るものとする（本条は、2019年4月1日から施行）。

5．国立大学法人法──平成15（2003）年7月16日・法律第百十二号
第一条　この法律は、大学の教育研究に対する国民の要請にこたえるとともに、我が国の高等教育及び学術研究の水準の向上と均衡ある発展を図るため、国立大学を設置して教育研究を行う国立大学法人の組織及び運営並びに大学共同利用機関を設置して大学の共同利用に供する大学共同利用機関法人の組織及び運営について定めることを目的とする。

第 1 章
われわれはどこから来たのか

異なれる境遇に於ける異なれる経験より獲得せる
極めて多くの異なれる事理を彙集し、同異を
剖析し、是非を甄別し、以て至大の道理に帰趨す
るは、真を極むるの要道なり。

三宅雪嶺『真善美日本人』

歴史の前に立ちつくして

野村真理

　私が勤務する地方国立大学の経済学部で、ほとんどの教員が頭を悩ます授業の一つに初学者ゼミがある。入学したばかりの１年生に資料や文献の探し方、レポートの書き方、プレゼンテーションの仕方を手解きする授業だが、レポートにせよ、プレゼンにせよ、まずは本を読んでくれないと話にならない。しかし、ほとんどの学生は読書の習慣をもたず、新聞すら読まない。本を買うのは無駄遣いで、情報はネットでとるものと思っている学生に「本を読め」と繰り返すのは、かなり苦痛である。

　とはいえ導入教育の重要性は誰もが認めるところであり、私もそのハウツーを求めて何冊か参考書を紐解いた。ところが論文書きのハウツー本のなかに、「この論文を読んだらどんなよいことがあるのか」「この研究には何の意味があるのか」、こうした問いに答えられない研究は研究ではない、という一節を発見して愕然とした。はたして私の論文を読んでよいことなどあるのだろうか。

　歴史研究は何の役に立つのか。実学志向の強い経済学部の学生に対して私が用意している優等生的な答えは、歴史研究は現在世界を批判的に見る眼を鍛え、歴史的にそれを相対化し、新たな世界を構築する能力を養う、というものだ。では私は、自分の論文で自分の答えを実践できているのだろうか。

　私の専門は近現代ヨーロッパのユダヤ人の歴史研究だが、取り組ん

だテーマの一つにホロコースト期のユダヤ人のナチ協力問題がある（「正義と不正義の境界——ナチ支配下ウィーンのユダヤ・ゲマインデ」赤尾光春・向井直己編『ユダヤ人と自治』岩波書店、2017年所収）。ナチは、ワルシャワやヴィリニュスなどゲットーが設置されたところでは、ユダヤ人に対してナチの命令を「自発的」に執行させるため、ユダヤ評議会なるものを組織させた。ウィーンのようにゲットーが設置されなかったところでは、既存のユダヤ・ゲマインデ（ユダヤ教徒の信徒共同体組織）の執行部がそれにあてられた。このような組織は植民地でも戦争占領地でも見られたもので、それ自体は特異なものではない。ゲルショム・ショーレムの言葉を借りれば、ナチのユダヤ人支配機構に巻き込まれたユダヤ人のうち、ある者は進んでナチの手先になることで生き延びようとした「層」だったし、ある者はナチに抵抗して英雄的な死を選んだ「聖人」だったが、ほとんどの者たちはその「中間」だった（Hannah Arendt, Gershom Scholem, *Der Briefwechsel*, hrsg. von Marie Luise Knott, Berlin 2010, S. 431.）。ウィーンのゲマインデは、その「中間」の例である。

　1938年3月にオーストリアがナチ・ドイツに合邦された後、ウィーンのゲマインデの指導者たちは、ナチのユダヤ人移住＝国外追放政策に「自発的」に協力する。合邦時のオーストリアのユダヤ教徒人口約18万のほとんどがウィーンに集中していたが、彼らは手をつくして移住先の情報を集め、海外のユダヤ人団体から移住援助金を取り付け、裕福な移住者が残した金を貧困者の移住補助にまわした。合邦から1939年末までに、自力で、あるいはゲマインデの支援でオーストリア国外に去った者は約12万人にのぼる。このとき海を越え、ヨーロッパ大陸の外に出た者は、全財産を失ったかもしれないが、命だけは救わ

れた。

　しかし、1941年6月末に始まった独ソ戦が行き詰まり、1942年にナチのユダヤ人絶滅政策が本格的に始動し始め、移住がドイツ東部占領地の絶滅収容所や虐殺地への移送に変わったとき、彼らの移住＝移送協力は本質的に意味を変える。ゲマインデの指導者たちはナチが用意した名簿に従い、ゲスターポに協力して移送対象となったユダヤ人を自宅から集合キャンプへと追い立て、ウィーン・アスパング駅から三等客車に乗せて東方へと送り出した。行先での生活が苛酷なものとなることはみなが予測するところであったが、やがて客車が貨車にかえられ、その行先がベラルーシの首都ミンスク近郊のブラゴフシュチナの森の穴の淵であることなど、誰が想像しえただろう。1942年5月から10月まで、当地で射殺されたウィーンのユダヤ人は約8550人である。この移送でナチの命令に従ったゲマインデの指導者たちの頭にあったのは、命令に逆らえばウィーンのユダヤ人社会全体が潰されるということ、この者たちを東方に送り出せば、残りの者たちは生き残ることができるかもしれない、ということだけだった。しかし、最後は彼ら自身もテレージエンシュタット行きの列車に乗せられ、1943年明けにウィーンのユダヤ人社会はほぼ消滅した。

　文書館に保存されている史料や、同時代人の証言あるいは回想記を丹念に読み込み、ナチのユダヤ人政策の変化、それに翻弄されるユダヤ人指導者の苦悩、ユダヤ人社会が消滅へと至る時系列的経過を描き出せば、それで1本の歴史研究論文が完成する。しかし、本稿の冒頭に戻れば、問題はその先、すなわちこの論文が語るものは何か、ということだ。

　『エルサレムのアイヒマン』のハンナ・アーレントは、ユダヤ人指

第1章　われわれはどこから来たのか

導者がナチの命令に唯々諾々と従ったことを批判し、彼らに積極的抵抗の可能性はなかったとしても、何もしないという可能性は残されており、そうすればホロコースト犠牲者はかくも膨大なものにはならなかったと断じた（ハンナ・アーレント『イェルサレムのアイヒマン』大久保和郎訳、みすず書房、1988年、98-99頁）。私はといえば、学生に対する優等生的な答えとは裏腹に、どう頑張っても自分の論文をこのような教訓で結ぶことができない。再びショーレムの言葉を借りれば、「空前絶後の再現不可能な諸条件下」で判断を迫られ、「屑」にも「聖人」にもなれなかった「中間」の人は、間違いなく私自身でもあったはずだからだ。

　研究とは、この「私」から吹っ切れたところで行われるのでなければ、論文書きのハウツー本がいう「意味」を発してこないのだろうと思う。ウィーンのようなユダヤ人のコラボ問題は、ナチ支配下のユダヤ人社会のどこでも発生した。それら事例を集め、比較し、類型化すれば、コラボの社会学になるかもしれない。あるいは、比較を植民地や戦争占領地の事例に拡大することも有益かもしれない。だが私は、歴史の圧倒的な悲劇の前に立ちつくしたまま動くことができない。経済学部で、珍しく私の本を読んでくれた学生に言われた。「先生の、何か小説みたいな本、読みましたけど……」

のむら　まり。主要業績：①『ウィーンのユダヤ人──19世紀末からホロコースト前夜まで』御茶の水書房、1999年。②『ガリツィアのユダヤ人──ポーランド人とウクライナ人のはざまで』人文書院、2008年。③『ホロコースト後のユダヤ人──約束の土地は何処か』世界思想社、2012年。

「小国外交史」から「グローバルな地域研究」へ

林　忠行

　大学院に進学してから現在までの長い間に様ざまな研究を手掛けたが、どれも道半ばという状態にある。そのような私の研究歴を辿っても次世代の研究者に役に立つとは思えないが、それもまた多様な研究の在り方のひとつということであえて述べてみることにする。

　私は東京都立大学（現・首都大学東京）法学部卒業後、一橋大学大学院法学研究科に進学した。そこで学んだ学問はオーソドックスな「外交史」であった。それは外交史料を中心とする一次史料に依拠した歴史叙述を重視するもので、わが国でそのような外交史を確立した研究者のひとりである細谷千博先生が指導教員であった。大学院時代は、おもに第一次世界大戦期のチェコスロヴァキア独立運動を連合国間外交という文脈で検討するという作業を続けた。そこでは、私なりの「小国外交史」を目指していたといえる。

　この時期の研究対象の中にはロシアで編成されたチェコスロヴァキア軍団（以下では「軍団」とする）と呼ばれる義勇軍の問題も含まれていた。この軍団研究へと私を導いたのも、シベリア出兵史の先駆的研究を世に出した細谷先生であった。しかし私の軍団研究はすぐに行き詰まってしまった。当時、入手可能な史料や文献は極めて限られていたからである。1978年から2年間、プラハに留学する機会を得たが、共産党体制下で軍団研究はタブーであり、このテーマに関心を持つ私は「要注意人物」になりかねなかった。図書館でも関係文献の閲覧は

厳しく制限されており、文書館への立ち入りは論外であった。米国の
いくつかの図書館に関連文献が集積されていることは知っていたが、
そこへ向かうことはなかった。2年間の留学によってチェコスロヴァ
キアという場にこだわるようになり、この場にこだわりながら研究生
活を送りたいと思い始めたからである。結果からみると、このこだわ
りが私を「地域研究」という方向に導いたといえる。幸いにも1985年
に広島大学法学部で国際関係史などを教えるポストを得たが、それ以
降は取り上げる時代を下りながら、チェコスロヴァキアにかかわる国
際関係史や政治史という分野で仕事を続けた。

　1989年の東欧の体制転換は研究の転機となった。その直前からチェ
コスロヴァキアの政治の現状について解説を求められるようになり、
しだいに仕事の中に占める「現状分析」の比重は増えていった。それ
らの仕事をとおして、比較政治学的な視点を取り込みつつ、チェコス
ロヴァキア（1993年以降はチェコとスロヴァキア）の政党政治を観察
し、体制転換過程の分析を続けた。その途中、1994年に北海道大学ス
ラブ研究センター（現・スラブ・ユーラシア研究センター）に移籍し、
おもに現状分析を軸とする共同研究を組織するという活動を続けた。

　その間、独立運動や軍団にかかわる歴史研究については休止状態と
なったが、ある時、チェコスロヴァキアで開催されたシンポジウムに
招かれ、日本の外交史料に依拠しつつ、軍団と日本との関係について
報告をしたのがきっかけとなり、それまでとは異なる視覚から軍団を
見るようになった。体制転換以後、軍団研究を取り巻く現地の研究環
境は大きく変化していた。軍団関連の書籍が古書店の店頭に溢れるよ
うに現れ、軍団関連の未刊行史料も一般に公開された。もちろん、図
書館に行けば関連文献はいくらでも読むことができるようになった。

ただ、北大時代は、体制転換をめぐる共同研究の組織者としての仕事が続き、軍団研究に割ける時間は多くはなかった。

次の転機は、北大を辞して現在の京都女子大学に移った前後の時期であった。その時期に独立運動期の歴史研究を再開したのである。とりあえず、軍団と日本の関係について掘り下げてみることにしたのだが、その過程でそれまでの私の軍団理解は極めて底の浅いものであることに気付いた。初期の研究では外交史的視点にこだわっていて、軍団の将兵がどのような人びとであったのかについて理解していなかったのである。そこから、チェコスロヴァキアという場へのこだわりを維持しつつも、ロシア、米国、欧州各地のチェコ系、スロヴァキア系移民たちや、各国に収容された戦争捕虜の存在をも意識しながら軍団の歴史や独立運動を考えるようになった。そこから、あえて言えば、私なりの「グローバルな地域研究」といったものがみえてきたような気がする。

学際的な「地域研究」を目的とする研究センターに身をおいていたことによって、私は人文学系の研究者たちから多くの刺激を受けることになった。例えば、ナショナリズムに関する人文学系の研究は今の私の歴史研究にとって重要な基礎になっている。自分の研究が外交史や政治学という領域から少なくとも以前よりは自由になったと感じている。不勉強な私が人よりも長い時間をかけてようやくそこにたどり着いたということなのであろう。

ここで、今の大学教育における社会人文系の学問についての私見も述べておこう。

私は、学生もしくは教員として半世紀近い時間を大学という場で過ごしてきたが、そのうち５年間を国立大学の理事・副学長として過ご

し、今は私立大学の学長職に就いている。米国の多くの大学では「大学マネジメント」の専門家が養成され、大学経営を担っている。日本でもそうした時代が来るのかもしれない。そう思いつつも大学運営にかかわっているのは、あえていえば私のような社会人文系の学問の世界に生きてきた人間が大学運営に加わっていることにはそれなりに意味があるという思いがある。ここで具体的な問題には踏み込むゆとりはないが、今、それぞれの大学がそれぞれの形で改革を必要としていることは言うまでもないのだが、何よりも人間形成の場である大学が過剰な経済効率重視、短期的な成果主義、視野の狭い職業教育志向などで語られるとき、時代遅れといわれそうだが、まだ私のような人間がいくらかは貢献できるのかもしれないと思っている。このままでは日本の大学はどれも同じようなものになってしまうという不安も持っている。

　人間形成における社会人文系の教養教育の必要性を指摘する声は社会の中にも根強くある。それを、きわめて限られた資源の下で、今という時代とそれぞれの大学の個性にふさわしい形で作り上げることが何よりも必要なのだと思っている。

　はやし　ただゆき。1950年生まれ。主要業績：①『中欧の分裂と統合——マサリクとチェコスロヴァキア建国』 中公新書、1993年。②『ポスト社会主義期の政治と経済——旧ソ連・中東欧の比較』（仙石学との共編著）、北海道大学出版会、2011年。③「チェコスロヴァキア軍団——未来の祖国に動員された移民と捕虜」山室信一他編『現代の起点　第一次世界大戦2　総力戦』岩波書店、2014年。

文献学への回帰

三原芳秋

　英語圏の文学理論を勉強する身としては、あらゆる意味で対蹠的ともいえるポール・ド・マンとエドワード・W・サイードという二大巨頭がその最晩年に、あたかも遺言のようにして「文献学への回帰」という名の文章を残していることが、ながらく気にかかっている。もちろん、そこには20年のひらきがあり、異なる文脈での発言であることを忘れてはならない。〈理論〉を学府から排斥せんとする守旧派の攻撃を「理論への転回は、文献学への回帰として生じた」という逆説でひらりとかわしたド・マンの老獪と、〈理論〉が勝利を収めた北米学界の領袖として「文献学」＝「英雄的人文主義」を称揚し若手理論家たちのアンチ／ポスト－ヒューマニズム的傾向を叱咤したサイードの豪気とでは、もとより性質がまったく異なる。

　サイードの「人文主義宣言」は、奇矯な「晩年のスタイル」（または「老害」）として片づけられるものではない。そのキャリアの〈はじまり〉においてアウエルバッハの「世界文学の文献学」を英訳し序論をつけて世に問うたサイードは、アウエルバッハを通してヴィーコの「文献学の理念」を自らの学問の中核においた。「文献学は、人間が歴史的存在であるかぎり、人間の学問の総称となる。（中略）文献学の可能性は、人間が互いを理解することができるという前提、人間共通の、すべての人に属し、また誰もが近づきうる世界が存在するという前提に基づいている。この前提への信頼がなければ、歴史的な人

間の学問、すなわち文献学は存在しないであろう」というアウエルバッハの定義は、そのままサイードの「世俗世界性〔worldliness〕」といった鍵概念に繋がっている。また、『オリエンタリズム』執筆の「個人的な動機」にグラムシの言う「痕跡の目録」作成の喫緊性の意識があったという証言は有名だが、ここにもグラムシが（クローチェを通して）ヴィーコから引き継いだ「生きている文献学」の理念が彷彿している。すなわち、「神の国」とは切り離すかたちで、あくまで人間が作った〈この世界＝歴史〉を（人間本質のうちに）総体として捉え、そこにコミットすることに「文献学」の本義を見いだすのである。

　サイードはまた、理念のみならず具体的な批評の作法も、ヴィーコから学んでいるように思う。ヴィーコが「文献学」に対置したのは当時支配的だった「哲学」＝デカルト主義的クリティカであるが、その問題は「あらゆる物体的表象の前に、それの外に、またそれを超えたところに〔ante, extra, supra〕、第一真理を置いている」（『学問の方法』）点にある。〈この世界〉の外部に「真理」を設定し、それを唯一の基準として（人間的＝世俗世界的な）「確かなもの」をも虚偽として追放する裁断批評──サイードは同時代の〈理論〉の多くに「神学的」（＝外部に〈起源〉を持つ）というレッテルを貼り、自らの「世俗批評〔secular criticism〕」で対抗したわけだが、それは実のところヴィーコ＝アウエルバッハ的な「トピカ的発見法」（想像力や記憶力を鍛えて、テクストのうちに「糸口〔Ansatzpunct〕」＝論点を「発見」する技法）の称揚という極めて「文献学的」作法だったのだ。それは、あくまで〈この世界〉を生きる人間にこそ「権威〔authority〕」が本来的に備わっている、という人間主義的信念に裏打ちされたものであった──「哲学は道理〔理性 ragione〕を観照し、そこから真実なる

ものについての知識が生まれる。文献学は人間の選択意志の所産である権威〔l'autorità dell'umano arbitrio〕を観察し、そこから確実なるものについての意識が生まれる」（『新しい学』）。

　では、サイードに言わせれば「神学的」〈理論〉の大司祭であるはずのド・マンが最晩年に「私は文献学者であって、哲学者ではありません」（ステファノ・ロッソとの対話）と告白したことを、どう理解すればよいのだろうか。「理論への転回〔ターン〕は、文献学への回帰〔リターン〕として生じた」との一見奇をてらった逆説ともとれる反論の根拠として、若きド・マンがTAを務めたルーベン・ブラウアーの授業における徹底して内在的な精読の教育的効果をあげているが、そこで発見したのは「あらゆる理論に先立って〔prior to〕、ただ〈読む〉こと〔mere reading〕が、文学教育を神学や倫理学や心理学や思想史の授業の代用品としか考えない人たちにとって深刻なまでに転覆的に映るようなかたちで、批評言説を変容させることができる」ことだったと言う。ヴィーコ＝サイード的文献学者の面影？

　しかし、注意が必要である。先ほどの「対話」のなかでデリダとの違いを問われたド・マンは、「私には、テクストに固有の権威を与える傾向があります」と答え、さらには「テクストは自分のしていることを絶対的に知っている」との「必要な作業仮説」を示したうえで、自分は「自身のアイデアなど持ったためしがなく、つねにテクストを通じて」のみものを書いてきたという意味で「文献学者であって、哲学者ではありません」と告白する。これは、ヴィーコ＝サイード的「文献学」が基盤とする「人間の選択意志の所産である権威」とは相容れない反 - 人文主義的〔アンチ - ヒューマニズム〕「文献学」の存在を示すものなのだろうか？それらはやはり「対蹠的」で、二者択一しかないのだろうか？

わたし自身は、スピノザ的な文献学者でありたいと願う。「真理は真理自身と虚偽との規範である」（『エチカ』第2部定理43備考）として人間の自由意志（作者・読者の「権威」）に一切の地位を認めない一方で、「ことがらの真理〔rerum veritas〕」とは別次元の「心的確かさ〔certitudo moralis〕」（『神学政治論』2、15章）——それは「しるし」という「〈外〉の力」に裏づけられる——をテクストに認めることによって、このスピノザ的文献学は、テクストの〈外部〉にある「真理」による裁断批評（「理性とともに狂う」）とテクストの〈内部〉に「（真の）意味」があると盲信する解釈学（「理性なしに狂う」）というスキュラとカリュブディスの間を漕ぎぬけること（ナヴィゲート）を要請する。その技芸（アート）の内実をわたしはいまだ模索中だが、それは、目の前にあるテクストを「ただ〈読む〉こと」——ただし、「〈外〉の力」にふれ／ふれられる予感をたえず抱きながら——にあるのではないかと考えている。〈この世界〉＝ことばを「確かに」愛することが「真理（ロゴス）」に愛されることと不二であるという、ある種の回向（リ・ターン）としての文献学（フィロ・ロゴス）をひたすら実践すること——それは、本来的には「人文学」の専売特許ではないかもしれないが、それを可能にするのは（いまとなっては）「人文学」をおいて他にない、という思いを日々強くしている。

みはら　よしあき。主要業績：①編訳書『異議申し立てとしての宗教』みすず書房、2018年。②「"Immature poets imitate; mature poets steal" テクストの／における〈海賊行為〉にかんする予備的考察」2017年。③ 'The Invention of "Japanese" Literature in Colonial Korea, or How Shame-less Literary Engagement Could be under Colonial Condition', 2017.

『マリアの首』随想

小川佐和子

「やおら忍ひとり、身を起こし、マリアの首にとりつき、渾身の力をしぼって持ち上げようとつとめはじめた。」——これは田中千禾夫が1959年に発表した戯曲『マリアの首——幻に長崎を想う曲』の最後のト書きである。本作は、数百年に及ぶ長崎の隠れキリシタンの精神的弾圧を、同じ土地に到来した原爆の被爆という20世紀最大の忍従に重ね合わせた「詩劇」である。物語は、隠れキリシタンの被爆者女性たちが、市議会で取り壊しが決定された浦上天主堂の聖母マリア像を盗み出し、自分たちの救済を託そうとするものである。登場人物が背負う原爆後遺症という身体的犠牲は、麻薬取引の親玉「次五郎」の断末魔にも生々しく描写されているが、肉体の苦しみは精神の苦しみに昇華されている。娼婦「鹿」の耳まわりを覆うケロイドと、原爆で焦げたマリア像の顔半分への連想が象徴的に示している通りだ。

最後の第四幕では、天主堂の崩れた正面玄関の前で「忍」と「鹿」という女性二人と、彼女たちに救いを求める男性二人とが力を合わせてマリアの首を盗み出そうとしている。ばらばらになったマリア像の部位を少しずつ盗み出し、隠れ家で接合し、組み立て直す計画だ。最後に残された首は、しかしながら皆が力を合わせても重くて持ち上がらず、彼らの間に不安が広がっていく。その首を、先のト書きにあるように忍一人の力で持ち上げられるはずがない。"政治"を象徴する市議会議員は、鹿を単なる快楽の道具とし、他方で"反体制"を標榜

する「矢張」は、独善的な正義による救済を被曝者たちに押し付ける。忍の夫「桃園」は画家の道を諦め、寝たきりの状態でひたすら内職の凧を作り続ける。"政治"にも"運動"にも"芸術"にも救いを見出さない隠れキリシタンと被爆者が、結束するための最後の精神的支柱であるマリア像は、これもまた完成を見ることなく、天主堂とともに壊される運命にある——このト書きが暗に示すのはこのような結末だ。

　長崎のキリシタン、唐行さん、被爆者について十分な知識を持ち合わせていない筆者がこの作品を例に挙げるのは甚だ不遜ではあるが、その紹介から筆を下ろしたのは、「私の人文学」が、この戯曲に象徴化されている価値観と何かしら共有できるように思えたからである。

　私の専門は映画史だが、原爆を主題にした映画は概して苦手である。むしろそれを主題にしたあらゆる表象に戸惑いを覚える。原爆と併記することの倫理的觝触を恐れずに言えば、戦争や震災を映像化したものにも違和感がある。理由のひとつには、映像はどうしても、作り手の「独裁」と受容者の「専横」（大平陽一「映画を観ること——意図性と非意図性」『映画的思考の冒険』）から逃れられないからである。映像には否応なく撮る側の意図が入り込み、たとえ彼らが倫理的謙虚さを兼ね備え、対象への配慮を自覚していようとも、その意図的な独裁から逃れることはできない。受け手の側も、多かれ少なかれ主観的に映像と向き合う限り、個人の解釈は当の映像の解釈を「専横」する。現実を表象する最も有効で忠実な手段でありながら、映像は、客観的な事実や記録はおろか、真実に到達することはできないのである。

　それでも、たとえばエスフィリ・シューブの『ロマノフ王朝の崩壊』（1927年）は過去のアーカイヴ映像をつなぎ合わせた映像の羅列にもかかわらず、まるで波に飲みこまれるように抵抗し難い牽引力を

持っている。曲がりなりにも第一次大戦期の実写映像を見てきた私には、その流れる映像の織り目のなかに解体と再構築のせめぎ合いを感じながら、彼女がつむぎだす洗練された物語構築に目を奪われるのである。あるいは吉村公三郎の被爆者を題材にした『その夜は忘れない』（1962年）は、過去の禍々しい戦争の傷跡が、男女の叶わぬロマンスに絡め取られた社会派メロドラマにすぎない。だが若尾文子演ずる夜の女が、実は後遺症で壊れかけた肉体を華麗な衣装とその美貌の下に隠しているのと、田宮二郎扮する彼女を愛する記者が、透き通った川面に浮かぶ石を手にして、その石が脆く崩れていくという、突き刺さるような対照をなすラストシーンに、私の背筋は凍りつく。

　人間の想像に及ばないものを表象不可能なものとみなし、その表象行為を一律にすべて禁止すべきなのか、想像できないからこそ可能な限りの表象を提示し、過去を忘却の彼方へ追いやらないために想像力を働かせるべきなのか——ユダヤ人収容所を撮影した写真を展示することの倫理性をめぐってユベルマンとランズマンは論争を繰り広げたが（『イメージ、それでもなお』）——その答えが私には見つからない。客観主義や日和見主義と批判されようと、矛盾は矛盾のまま言葉にすることしかできない。「分かりやすさ」よりも「分かりにくさ」、「明快な論理」よりも「矛盾」を理解し、提示することが、人文学にもかろうじて許される余白として残り続けてほしいとささやかに願う。

　冒頭のト書きに戻ると、ここで忍は矛盾している。因縁の相手、次五郎から解放されても、マリアの救いを象徴的に示す雪が降っても、忍は迷う。抑圧されたものたちと共に、新たな共同体を築こうと進みかけた道を引き返そうかと考えがよぎることもある。桃園は多様な価値観が横溢する世界を見て、「私らはそんななかで、寄る辺もなく、

あちこち波にゆられとるだけのごたる」と忍に言う。そして忍が抱える矛盾は、切実な叫びとなる。「私らの救いはいったいどけあるとでしょう。」「ああ、誰かに聞いて見たか……先のほう、先のほう、いったいどこにあるとですか。お願い！誰か教えてくれまっせ。お願い！」

　矢張のような独善的な流れに乗ることはできず、かといってマリア像は完成を見ずに砕かれうる。季節外れの雪が降り続けるなか、矢張の呼び声は遠くから近づきつつあり、自らの魂の救済と自由を託したマリアの首はなおも天主堂につなぎとめられて焦りが広がる。よしんば首を持ち帰ることができ、つぎはぎのマリア像が完成されたところで、それはまた別の閉鎖的な共同体を生むだけかもしれない。そこに真の自由はあるのか、救いはあるのか、忍が希求する「先のほう」は見えてくるのか、問いは開かれたままだ。

　こうした出口のない現実は、戯曲の初演から半世紀以上を経た今日でも変わっていないだろう。自身の研究対象が映画であれその他の表象であれ、また自身が常に何らかの共同体から逃れられない環境に身を置いていようと、そこにおいての解体と再構築、ばらばらの過去や現実とその恣意的な記憶や表象に、そのつど、どのように向き合い、それを受け止めていくかという正解のない問いを前にして、あたうかぎりの力をしぼって模索し、もがき続けることしかできない。それが徒労に終わっても、マリアの首が幻であったとしても、である。私にとっての人文学は、あくまでそのためのひとつのツールである。

　おがわ　さわこ。1985年生まれ。『映画の胎動──一九一〇年代の比較映画史』人文書院、2016年。

精神分析を含む人文学

立木康介

　1963年、精神分析の世界で国際的な権威をもつ唯一の団体 IPA（国際精神分析協会）からパージされたジャック・ラカンは、それまで後進の育成のために行ってきた彼の名高い「セミネール」の中断を余儀なくされる。

　そこに救いの手を差し伸べたのは、親交のあった哲学者ルイ・アルチュセールだった。アルチュセールの機転により、フランス精神医学界において精神分析に親しむ医師たちの牙城であったとはいえ、本来的に「専門家」のみが立ち入ることのできる場だったサンタンヌ精神病院から、フランス最高の高等教育研究機関のひとつパリ高等師範学校の大講堂へと、ラカンのセミネールはいわば「転居」することができた。ラカン自身が述べるとおり、これが彼の「ディスクールの前線の変化」をもたらしたことは想像に難くない。

　こうして一般の聴衆に門戸を開いたセミネールの最初の年（1964年）をふりかえりつつ、ラカンはその概要報告にこう記した──

　　私たちのラディカルな計画をなす問いはそれゆえつねに不変であり続けた。すなわち、「精神分析とはひとつの科学であるか？」から「精神分析を含む科学とはいかなるものであるか？」に至る問いだ。

第1章　われわれはどこから来たのか

　この二重の問いにたいしてラカンが最終的に下したのは、やはり否定的と見るほかない回答だった。曰く、「精神分析とは〔……〕ひとつの科学ではない。精神分析は科学としての固有のステイタスをもたないのであり、精神分析にできるのはそれを期待し、希望することだけだ」と。だが、問いが発せられた12年後に示されたこの結論は、じつははじめからそこにあった。ラカンにとって重要だったのは、それゆえ、精神分析が科学ではないことを踏まえつつ、しかしあたかも精神分析を包摂する新たな科学が可能であるかのようにふるまうこと、そのような科学の創発を模索し続けることだったにちがいない。したがってこの結論は、精神分析の挫折であるというより、あるいは精神分析の挫折であると同時に、科学の側の挫折でもあったはずだ。

　どういうことか。精神分析とは何よりもまずひとつの社会的実践、歴史的には医学のフィールドから生まれたものの、その後固有の経験を蓄積し、いまや医学的な知とは異なる、少なくとも医学的知には還元されない、独自の知を構築し磨き上げてきたプラクシスである。そしてこのプラクシスのバネ、あるいは駆動力となるのは、主体が真理を求めること、すなわち「真理の希求」にほかならない（上尾真道がこれを「真理のパトス」と名指したことは記憶に新しい）。とすれば、精神分析が科学であるか否かという問いもまた、この視角からアプローチされねばならない。それにたいするラカンの答えはこうだ——「原因としての真理について、科学は何も知りたがらない」。

　この「原因としての」という修飾句が意味するのは、精神分析家にとって「真理」はたんなる観想や省察、さらには「証明」の対象ではなく、主体を自らの存在の問いへ駆り立てるという意味で、「働きかける」力をもつ、ということだ。だが問題は、その真理を、科学は

まったく気にかけていない、むしろ積極的に蔑ろにしている、ということだ。しかもここには、科学の「主体」はデカルトのコギトであり、それは知と真理のあいだで分裂した主体である、という逆説が含まれている。どこまでも個別のもの、それゆえ新奇なものとしてしか到来しようのない真理は、論理的に、既成の知によって捉えることができない。というのも、もし既成の知によって捉えられてしまえば、それはもはや真理ではなく、あくまでひとつの知にすぎなくなってしまうからだ。真理が真理であるためには、知に同化されぬものとして、すなわちひとつの異物、不純物として、いわば知の領域の縁に留まらねばならない。真理を希求する主体は、それゆえ、つねにこの同じトポスで、知と真理のあいだで引き裂かれねばならない。

　にもかかわらず——いや、だからこそ——科学は「真理について何も知りたがらない」。実際、コギトの明証性を発見したデカルトは、真理の保証を神の手に委ねてしまった。誇張懐疑の深淵に投げ込まれたあらゆる知識の真理（性）は、デカルトにおいて、無限にして無謬なる神の存在が証明されてはじめて、この「無謬なると想定される主体」（＝神）をとおして回復されることになる。その瞬間から——このデカルト的解決は、ラカンによれば、カントとヘーゲルによってさらに徹底された——科学は真理を棚上げしたまま、心おきなく純粋な「知の蓄積」のみに腐心することができるようになった。「神が死んだ」とされる今日、もはや誰もデカルトに立ち戻ってこのプロセスの妥当性を、あるいはその瑕疵を、問い直そうとはしないだろう。

　繰りかえすが、ラカンはこの認識を、私たちがはじめに見た二重の問いを立てたときには、すでに手にしていた。にもかかわらず、それから12年ものあいだ、この歴然たる懸隔を乗り越える「ひとつの科

学」（精神分析を包摂する科学）の可能性を手放さなかった。そこにはおそらく、当時隆盛を極めつつあった「人間科学」への期待が働いていたのかもしれない。この呼び名を気に入らず、「人間の科学など存在しない、なぜなら科学の人間というものは存在せず、ただ科学の主体が存在するだけだからだ」と釘を刺すことを忘れなかったラカンは、しかし、この主体（＝コギト）から、すなわち知と真理のあいだで分裂した主体から出発し直し、科学によって公然と探求の埒外に措かれるようになった真理（への問い）を取り戻すことができるという幻影――いや、ラカン自身の1977年のことばを借りるなら、「妄想」――を、俄にうち捨てることができなかったのかもしれない。だが最終的には、ラカンの結論は先に見たとおりであり、おそらくはこの問いそのものが放棄され、忘却されるだろう。

　さて、ここまで長々とラカンの歩みをふりかえったのは、ほかでもない、ラカンにとっての「科学」を「人文学」に取り替えて、はじめの問いを立て直してみたかったからだ。精神分析はひとつの人文学だろうか？精神分析を含む人文学とはいかなるものでありうるだろうか？と。いまや私は、その答えを遠くに追い求める必要はない。ラカンにとって本来的に科学と両立不能だった希求、すなわち真理への希求は、まさに人文学にこそふさわしい。私が精神分析とともに人文学のフィールドに立つ理由は、そこにある。

ついき　こうすけ。主要業績：①『狂気の愛、狂女への愛、狂気のなかの愛』水声社、2016年。②『露出せよ、と現代文明は言う』河出書房新社、2013年。③『精神分析の名著』（編著）中公新書、2012年。

文学、人でなしの人文学

藤井俊之

　英語でヒューマニズム Humanism と書くところから明らかなように、人文学とは人間にかかわる学問を意味する。同じことだが、ドイツ語でフマニスムス Humanismus と綴るヨーロッパの人文主義思想とは、そもそもは失われた起源としてのギリシャ、ローマの古典文化の復興を意味していた。理想の人間の姿へ近づこうとする努力としての人文学とは、この場合には自己形成としての陶冶（教養）Bildungを意味する。始原への回帰としての人文学とは、したがって、人間の本性的あり様の探求のことであり、そこで人間の自然として指し示されるのは、アリストテレス以来、理性的動物としての人間存在であった。理想の人間像とはまた、キリスト教の文脈に置き換えれば聖人ということになるが、これは神の似姿として造られた人間、澄み切った精神の息吹きに満たされた光としての存在ということになるだろう。ところで、ギリシャ以来、理性的存在としての人間を単なる動物から区別する際の標識は、言語を操る能力であったし、精神として人間に吹き込まれる神の光とは創造の言葉（ロゴス）であった。

　しかし、コミュニケーションによって共同体の紐帯をなす言語活動に参与する能力をもつことが人間に理性の表徴を与える、という考えが人文学の基礎におかれる限り、それは人間中心主義との批判を避けられないだろう。端的に、それは自然の沈黙を無視している。また、かつてギリシャ語を介さない者を野蛮人（Barbar＝意味のわからない

ことを喚くもの）と呼んだヨーロッパの伝統は、実際、前世紀の二度にわたる世界大戦をへて自らの理性の野蛮を直視せざるをえなかったのではないだろうか。そして、それは単に科学技術の進歩に懐疑的になればすむものでもなければ、それを悪用した人間を個別の事例として括弧にくくれば人類全体には無罪が保証されるというものでもなかったはずだ。そもそも、人間が人間らしい生き方をするためにこそ技術の進歩は目指されてきたのであり、それを無視して人間社会を語ることはできない。しかし他方で、そのようにして達成された人間らしさの正体について懐疑的にならざるをえないというのが現在の状況だと言えるだろう。

　前世紀、理性的動物としての人間像に根本的な批判を加えた思想家としてマルティン・ハイデガーの名が挙げられる。『存在と時間』で知られる彼が、1946年にジャン・ボーフレに宛てて著した「ヒューマニズム（人文学）についての書簡」には、人間を理性的動物という標識によって動物と区別することの誤りが指摘されている。なぜなら、そう考える場合、あくまで基本にあるのは動物ということになり、理性は付加的要素にすぎないことになるだろうからだ。逆に言えば、理性を基準に考えることは、動物との段階的区別を主張するだけであって、人間の本質を解明するには役立たない。理性的であることではなく、人間的であることを基盤にして考えねば、ヒューマニズムは理解できない。では彼にとって人間に固有のものとは何か。思考において「存在」を言語へともたらすこと。これが彼の主張だ。その場合に彼の議論で興味深いのは、こうした主張が単に科学的理性への反動によって為されたのではないという点である。

　彼にとって理性が人間の印たり得ないのは、それがヨーロッパの伝

統の中で行為（実践）と区別されるものとして理解されてきたからである。しかし、彼にとって人間の本性とは「存在」を実現すること、言語において事物の根拠を言い表すことのうちにある。つまり、思考（テオリア）と実践（プラクシス）を切り離すことはできない。言い換えれば、彼のいう「存在」は観想の対象として表象されるものではなく、人間がその中に存在しているものとして、人間を包摂する全体として、言語によって自ら姿を現すものなのだ。まとめるなら、人間を包み込む「存在」が、人間に属する「言語」において提示されるというのが彼の図式ということになるだろう。人間がその内部に位置する全体としての「存在」が、その部分である人間の内部から「言語」において現れる。「人間の本質は存在の本質にとって本質的である」、この入れ子構造を統御するものが技術（テクネー）であり、実作（ポイエーシス）である。

　メビウスの環のように外と内が入れ替わりつつ循環する全体のうちに人間を位置付ける人文学に、人間中心主義という呼び名はふさわしくない。逆にそれは「非人間的なもの」に近づくと言えるだろう。しかし、ハイデガーはこの見方を退ける。というのも、彼の図式のなかで、人間には「存在の牧者」という特権的な地位が保証されているからだ。世界の肯定的中心から脱落することによって、人間にはさらなる逆転の可能性が与えられることになる。存在の守り人としての役割とは、言い換えれば、世界そのものが現れる空虚な点、否定的中心のことだからだ。かつて理性的存在としての人間の特性を表した言語は、ハイデガーにおいて世界内存在としての人間の本質をなす「存在」との関係性を表すものへとラディカルな変更を加えられた。

　人間の本質を確固不動の実体と考えるのではなく、人間が全体と取

り結ぶ関係性のうちに見出すこうした発想には、前世紀に構造主義と呼ばれた思想運動との類似を見て取ることができる。そして、ソシュールの『一般言語学講義』に出自をもつ構造主義は常に文学を参照点として携えていた。ヒューマニズムを語るハイデガーもまた、存在への思索の模範として詩人であるヘルダーリンに呼びかけていた。しかし、彼の考察における文学は「すでに存在しているもの」の実現であり、その意味で原初の調和を前提とする。これに対して、ヤコブソンがマヤコフスキーの詩に読み取るのは、未だ存在しない「未来への愛」であり、その裏面をなす「子供への憎しみ」であった（「詩人たちを浪費した世代」）。詩について「存在という既成の建物にとっての機械的な上部構造」ではないと述べるヤコブソンにとって、文学とは「非人間的なもの」に通じる何かであったと言えるだろう。

　人間存在を巡る思索（人文学）の中心に置かれていた理性の表徴としての言語に、人間の未来に関わる「非人間的なもの」を見出すに至った前世紀の歩みは、決して進歩への反動ではない。それはむしろ、真に人間的な存在としての新たな人間の誕生を希求してなされたものである。人文学が「未だ存在したことのないもの」を目指そうとするのであれば、文学には未だ見るべきものがあるはずだ。しかし、それはもはや人間的なものではないだろう。「名づけえぬもの」を名指そうとする試みを人文学と呼ぶのであれば、それは人でなしの人文学として描きだされるのではないだろうか。

ふじい　としゆき。主要業績：①『啓蒙と神話——アドルノにおける人間性の形象』航思社、2017年。②「名前、この名づけえぬもの」（『思想』2018年7月号）。

文学無用論

森本淳生

　落語のマクラにこんなものがある。ある商人が奉公人を10人も使って幅広く商売を営んでいたが、無駄かと思い半分の5人に減らしてみると、どうにか間に合う。まだ無駄があるのかと思い、ふたりにしてみると、一生懸命やればこれでも間に合う。とすれば奉公人は無駄なのだろうと、みんなに暇を出し、夫婦ふたりでやってみると、これもなんとかなる。ということは、かみさんも無駄なのだろうと離縁して、自分ひとりでやってみたところ、どうやら間に合う。ついには自分が無駄なのかと言って死んでしまった——。

　資本の循環にとって人間は必ずしも必要ではない。男が自殺した後には、経済がそれ自体として人間なしに展開していくのだろう。だが現実には、人間という無駄だらけの存在、おそらくはそれ自体が無駄な存在を捨象してしまうことはできない。文学とはまずなによりも、こうした無駄の肯定である。

　人間が生み出す無駄とは、たとえば愛である。バルザックのゴリオ爺さんは裕福な老後を過ごせるだけの財産をもちながら、デルフィーヌとアナスタジーという溺愛するふたりの娘にせがまれるまま金をだし、ついには貧窮と孤独のなかで命をひきとる。娘たちは臨終の床にも葬儀にも姿を見せなかった。絶大な財力と力をもつ怪盗ヴォートランも、みずからの愛の対象を必要とし、柔弱な青年リュシアンを世に出そうとして様々な苦労を重ねるが、彼の死によってその努力も水泡

と化す。愛は人を破滅させたり、まったくの徒労に陥れたりするが、しかし、この無用なる愛への欲求を人は断ち切ることができない。バルザックは、人間がつねに自らの欲望が促すのとは異なる場所に導かれざるをえない様子を冷徹に描きだしている。

　他方で文学は、社会から疎外された人々、役立たずと決めつけられ、ときには有害、危険とみなされる人々にも視線を注ぐ。飢えた家族のためにパンを盗んだだけで19年も徒刑場で過ごすことになったジャン・ヴァルジャン、娘を養うために売春婦に身をおとし、髪や歯までも売ることになるファンティーヌ、寒い冬の日に水を汲みに行かされるなど数々の虐待を受けるコゼット、そして、貧窮のなかで多くの悪事に手をそめるテナルディエ夫妻や、偏狭な正義概念にとりつかれて人間性を失った警部ジャヴェールにいたるまで、『レ・ミゼラブル』は疎外された存在に満ちあふれている。ユゴーは、コゼットと貴族の青年マリウスの結婚、臨終の床でのジャン・ヴァルジャンとこのふたりの和解をとおして、疎外が克服される希望を描き出そうとした。

　とはいえ、疎外の克服は文学の見果てぬ夢である。文学はむしろまず、社会のマジョリティを形成する種々のシステムから排除されてしまうもの、さらに言えば、両者を隔てる差異そのものに視線を注ぐ。この境界線は社会と疎外された人々の間に引かれるのみならず、個人を内部から分裂させることすらある。たとえば、ドストエフスキーの『分身』。主人公である下級官吏ゴリャートキンは高嶺の花であるクララに振られ、出世もままならない。そんなおりにふと現れた同姓同名で瓜二つの新ゴリャートキンは、旧ゴリャートキンが無意識に熱望しつつもついに得られなかった世知に長けており、同僚や上司に取り入るのがうまい。新ゴリャートキンはいわば旧ゴリャートキンの理想自

我なのだが、世渡り下手の彼は悔しくてこれを頑として認めることができない。分身との和解に失敗したゴリャートキンの人格は分裂、彼は発狂して精神病院送りとなってしまう。

フーコーが強調したように、狂気はサドからネルヴァルをへてアルトーにいたるまで文学と密接な関係にあった。しかし、文学の力を実現するために、われわれはみな狂気をみずからのうちに引き受けなければならないのだろうか。ある意味ではそうだろう。だが、みずから発狂の淵をさまよいながらも、独特の言語実践を通じて文学を実現したマラルメの営みはこれとは異なる方向を示している。

それは「発話主体の消滅」とでも呼ぶべき実践であり、いわば社会から排除され存在を抹消されることを、言語上の主体の消滅としてフィクショナルに引き受ける営為だった。詩を生み出すのは社会に確固とした位置をもつ詩人の充実した主体ではない。詩人とはむしろ虚ろな胴をもつマンドーラに似ている。その空洞こそが和音を響かせ音楽を生み出すのである（詩篇「レースはおのずと消え去り……」）。こうした詩人の姿は自分を無駄だと考えて自殺してしまった落語の男にも似ているが、自己を消去することはここではじつは逆説的にも自己を人間として肯定することである。人間はそれ自体としては「物質の空しい形態」にすぎない。言語のフィクショナルな実践だけが、物質の運動がおりなす現実世界の空隙に人間だけがなしうる何かを——たとえばはかない花火のように——描き出すのである。

現在、文学の——そして人文学の——無用性が声高に叫ばれている。もっとも、アリストテレスの唱えたカタルシスも、17〜18世紀の古典主義詩学が唱えた「楽しませながら教える」という作品の道徳的有用性も、広い意味でとらえるなら現代でも観察されるだろう。われわれ

は今でも、作品をとおしてなにがしかの爽快感や解放感を得たり、人生に対する反省を行ったりするのであり、こうした効用は決して無視することができない。とともに、文学は社会を支配する種々のシステムから漏れ出てしまう存在——無益だが捨てることのできない愛、虐げられた人々、自己分裂や狂気——に目をむけさせ、合理性の背後や周縁にひそむ非合理的なものに気づかせてくれる。そしてさらには、言語自体の虚構性を際立たせることで、人間の人間としての存在、たんなる「物質の空しい形態」に還元されない存在は、実体的な現実世界の空隙、いうなれば無と呼ぶよりほかにないもののうちにしか見いだされないことを顕在化させてもくれるのである。

　無用の用、あるいはむしろ、無の用としての文学。それは人間のなかの無駄なもの、無用なものを見つめ、ついには人間自体が無駄であり、無であることを自覚させる。だが、くり返すが、実体的な現実世界の空隙にこぼれ落ちる無であるからこそ、人間はたんなる物質の動きには還元されないなにかでありうるのである。この空虚な存在を、宗教的教説に仕立て上げずに、いわば唯物論的に肯定し見据え続けること。これこそが文学の無用の用なのであり、文学をその対象のひとつとする人文学の控えめな力なのである。

もりもと　あつお。1970年生まれ。主要業績：①『小林秀雄の論理——美と戦争』人文書院、2002年。②*Paul Valéry. L'Imaginaire et la Genèse du sujet. De la psychologie à la poïétique*, Minard Lettres Modernes, 2009. ③『〈生表象〉の近代——自伝、フィクション、学知』（編著）水声社、2015年。

誠実な独り相撲を見せる

金澤周作

　自分の知識や考え方は間違っていたり偏っていたりするかもしれないということを、他者の見解と積極的に対論することによって自省しつつ、かつ、どこかに真実はあるはずという信念を抱いて、人間存在の理解を深めるためにおずおずとなんらかの主張をする人を、私は人文学の学徒だと考える。このような人々が対面的にであれ本や論文を通じてであれ「集う」ところに、人文学知は育まれるにちがいない。人文学の世界は、おずおずと提出された新しい知識や解釈を、慎重に咀嚼してゆっくりそこから栄養分を吸収し、伸縮自在に形を変えながら、遭遇した人々の心にこの人文学的な思考の苗を植えるものなのではないかと思うし、そうであってほしい。

　人文学のキーワードの一つは「ゆっくり」なのではなかろうか。私の専門とする歴史学（西洋史学、とくにイギリス近代史）では、50年、あるいは100年以上前の研究と、いまだに議論を構える。逆に、参照されている文献が10年以内のものばかりの研究は、おそらく、あまり信用できない。そもそも現在の生を歩みつつ過去を振り返るという歴史学の身振りからして明らかなように、前に進む歩みが早すぎれば、しっかり振り返ることは難しくなるし、それこそ近い過去までしか見やることができないだろう。理想的には、しっかりとした足取りで歩みつつ、「ゆっくり」振り返って過去の研究と対話し、対象となる過去そのものに問いを投げかけられるとよい。

第1章　われわれはどこから来たのか

　そんな悠長なことを言うな、という声が聞こえてきそうである。イギリス近代史研究は論文も本もたいへんなスピードで発表されているし、英語で発信する要請も高まって久しい。日本の西洋史業界は、かつて社会的に認められていた意義が失われてきたのではとの危機感を募らせている。歴史学全般が教育や思想信条の自由や国際問題などをめぐる国の政策に対して関わりをあまり持てずにいる。大学は改革やプロジェクトを自己目的化しているように見える。社会では本を読む人（あるいは読まれる本）のボリュームが縮減しているようである。どこを見渡しても「ゆっくり」構える余裕はなさそうである。

　実際、私自身、大学で禄を食むようになって20年近く経つが、研究の成果を「量的」に求められる圧は、近時非常に大きいと感じる。リサーチマップや各種申請書の業績一覧のプレッシャーは相当なものである。それなりに対応してしまっている自分が情けなくもあるが、本来、もっと時間をかけて熟成するべき仕事を、体裁だけ整えて早々に仕上げたり、あるいは、もしかしたら統合したほうが良かったテーマを、複数の論文にしたりなど、正直に言えば、心当たりがないわけではない。似たようなことが同業者の間で生じているのだろうと思う。なにより、新たに発表される論文や本の数が異常に増えていることに、それは示される。私を含め、多くの研究者が書くことに必死になっていて、その反動で、やや専門を外れた研究成果を読むことがおろそかになってきている。研究の産出主体にとってみれば、書けば書くほど、読者層は狭まり、自分の読書範囲も狭まるという、悪循環に陥っているように思われる。お互いにゆっくり構えて、力作だけを発表するが、発表されたものはしっかり批判的に受け止めて、活発に議論するという方が、よほど健全で上記に描いた理想的な人文学の世界に近くなる。

39

アカデミック・ポストを目指す大学院生や OD にとっても、ある程度はコンスタントに論文を作成できることを証明して見せねばならないにせよ、数ではなく代表作の質が研究助成や就職の際に評価されるなら、俄然取り組み方が違ってくるのではないか。

　西洋史学における英語での成果発信について一言しておくなら、やるにこしたことはないけれど、効率が悪いことは覚悟せねばならない。新しい読者を得られ、国際的な（学術言語が日本語ではなく英語だという意味）コミュニティに参与できる利点は大きい一方で、期待される役割に過剰適応したり（日本ないし東アジアからの視点のようなポジショニングを引き受ける、等）、逆に、日本の学界をおろそかにするといったリスクもある。後者については、限られた極めて外国語発信に長けた研究者がそうしたとしても問題はないが、日本の西洋史学界全体の風潮になってしまうと、日本語での成果発表が二義的な地位に引き下げられて、結果的に自らの首を絞めることになる。日本語の査読誌や志を持った論文集や著作に最大の力を注ぎ、多くの同業者がそれらを批判的に共有し、そして学界が栄養分を蓄えなければ、西洋史学に遭遇する人々に対する人文学ならではの貢献は果たされない。

　現実的には「ゆっくり」はさせてもらえない状況はしばらく続くだろう。それでも、触れた人々に人文学的思考の苗を植えられるような、意味のある歴史学（西洋史学）は可能なのか、可能ならそれをどのように実践してゆくべきか。一つのアイデアを示したい。歴史学の論文は、史料を用いた、他の研究者との対戦という形式をとった独り相撲である。先行研究者を次々に土俵に上げて、いなしたり押し出したりと史料を効果的に駆使した技を繰り出して、最終的には自説の勝利を印象付けるナラティヴと言い換えてもよい。それゆえ、研究成果は、

ある意味で、必ず勝ち相撲になる。それがどれほど見事な勝利であるかは、多分にレトリックによって左右される。ことに西洋史学の場合、日本語で発信している限り、土俵に上げられる大半の欧米諸語で発信する先行研究者には最初から反論の機会がないので（批判されていることさえ知らない）、書き手も読み手もレトリックにはよほど注意せねばならない。そこで思うのだが、物理的にはゆっくりとできないにしても、人文学を意味あるものにするためには、個々の研究を、（弱い相手としか戦わない、強い相手の強い技を出させない、など手段を選ばない）勝利としてではなく、もしかすると負けかもしれないというギリギリの攻防がじっくり／ゆっくり続く独り相撲として見せなくてはならないのではないか。審判にして観客たる読者の琴線に訴えるのは、必ずしも何番も続くスピーディな勝ち相撲ではなく、数は少ないが手に汗握る時が止まったかのような熱戦なのではないか。

　誠意ある独り相撲を心掛け、その精一杯の取組みをじっくり批評し合える空間の密度が濃くなっていくことが、私にとって西洋史学という人文学に賭ける夢である。巧い独り相撲ではなく、個人および共同で誠実な独り相撲の在り方とみせ方を模索することに、人文学（西洋史学）の研究と教育の未来があるのではないか。

　かなざわ　しゅうさく。1972年生。主要業績：①『チャリティとイギリス近代』京都大学学術出版会、2008年。②『海のイギリス史』（編著）昭和堂、2013年。③ "To vote or not to vote': Charity voting and the other side of subscriber democracy in Victorian England', *English Historical Review*, Vol. CXXXI No. 549（April 2016).

文献学あるいは歴史の遠近法

久保昭博

　一方では学問の「社会的有用性」なるものを突きつけられ、外国文学にいかなる有用性があるのかとうろたえながら、他方ではこれまで文学を読んできた経験などほとんどなしに、「なんとなく」フランス文学専修に入ってきた大学生たちに文学研究の手ほどきをしている。彼らを前にすればあたかも文学研究の意義など自明であるかのように振る舞うものの、これで良いのかと思うことも多い。このように自分の教育・研究の営みを心から肯定できずに不安に陥るとき、精神安定剤のように読みたくなる、というか、拠り所にしたくなる本のひとつに、エーリッヒ・アウエルバッハの『ミメーシス』がある。ホメロスから20世紀初頭にいたるヨーロッパ文学全体の歴史を、圧倒的な知識とスケールで描き出したこの大著を開くたびに、文学研究の確固たる存在を感じて勇気づけられる。イタロ・カルヴィーノは「時事問題の騒音を BGM にしてしまうのが古典である」と言っているが、そうだとすれば『ミメーシス』は、「人文学不要論」や「人文学の危機」を喧伝する「騒音」を、少なくとも読書のあいだは後景に退かせる紛れもない古典である（もっともカルヴィーノは、それにつづけて「同時に、この BGM の喧噪はあくまで必要なのだ」と書いているのだが）。

　そのアウエルバッハが、1952年に、「世界文学の文献学」と題したテクストを発表している。この大見得を切ったようなタイトルは、これが『ゲーテと世界文学』で知られるフリッツ・シュトリヒの記念論

集のために書かれたからだろう。いずれにしても魅力的なタイトルには違いない。しかしそれが期待させることとは裏腹に、このテクストからまず浮かびあがってくるのは、文学研究というディシプリンがもはや自明ではなくなっているのではないか、さらに言うなら、それがもはや居場所を失いつつあるのではないかと自問する文献学者の姿なのである。

ナチス体制のドイツを去り、トルコからアメリカ合衆国へと渡りながら、第二次世界大戦と地球規模に拡大する冷戦体制を生きたアウエルバッハが目にしたもの、それは「世界文学」がいわば「否定弁証法」の論理に従って、自らを完成させながら破壊しつつある姿であった。言うまでもなく「世界文学（Weltliteratur）」はゲーテが提唱した概念だ。その理念は、多様な民族精神の相互的な関係を通じて、普遍的人間性を認識するというものである。しかしながら目下の世界で進行していることは、ゲーテ的理念とは正反対の世界化、すなわち「戦争」を目的とした生活と精神の全面的画一化と言えるものである。「かりに人類が、これほど猛然と、これほど急激に、しかも内面的にこれほど不健全な形で進められた中央集権過程のもたらす衝撃をかいくぐって生きのびることに成功したあかつきには、おそらく一つにまとめられた地上にただ一つの文学文化しか残らない〔……〕。もしそうなれば、世界文学という考えは、実現すると同時に壊滅していることだろう」。

アウエルバッハの「世界文学」が、近年主にポスト・コロニアル批評の立場から、西欧中心主義を相対化するために提唱されている「世界文学」の概念とはずいぶん異質なものであることは言うまでもない。その「世界」はあくまで「ヨーロッパ」を意味するのであり、こうした観点から西欧中心主義という批判を彼に投げかけることも可能であ

る。とはいえ、アウエルバッハが〈西欧＝世界〉の積極的（つまりゲーテ的）な理念と同時に、〈世界化＝画一化〉というその否定的側面を内側から見据えていたことを無視するのであれば、彼の思想を見誤ることになるだろう。事実、この終末論的なヴィジョンは、資本主義によってグローバル化した文化を生きるわれわれの時代の風景と重なってはこないだろうか。それは「多様性」や「差異」が標準化した生活を乱さぬ範囲で消費され、「他者」があまりに容易にアクセスできると同時にあまりに遠い存在になってしまう世界、あるいはアウエルバッハ自身が示唆するように、精神的な交流や宥和に向けた営みが、政治的・経済的な利害対立の前に無力となる世界の文化である。アウエルバッハは、こうした事態が文学研究、ひいては人文学そのものから実践的な力を失わせる現代世界の条件であることを示したのであった。

　ならば「世界文学の文献学」というタイトルは、ただその不可能性を示すために付けられたのかといえば、そうではない。アウエルバッハがこの論考で試みたのは、このような条件を認識したうえで、差異を前提とした普遍の追求という世界文学の理念を「神話的財産」として保存しつつ、それを「地球（Erde）」に拡げること（「われわれの文献学の故郷はこの地球である。もはや国土ではありえない」）、そして画一化によって決定的に失われるもの、すなわち「歴史意識」を再導入することであった。「というのも歴史は、人間全体がわれわれの目の前に現れる唯一の対象だからだ。歴史の対象とは、この場合、過去の事柄にとどまらず、出来事の継続している局面全体のことをいう。つまりそのつど現前しているものをも含んでいる」。このように述べる彼にとって、歴史的存在としての人間を認識することが、人文学の

要であったことを想起しておこう。そして「文献学」はその主導的役割を果たすべきものである。

　アウエルバッハにとって、文献学的なテクストの「読み」を支えているのは解釈学である。文献学の目的は、対象となる歴史的資料そのものに語らせることであって、文学史上の主義や潮流、あるいは美学的概念といったテクストの「外側」にある概念からのアプローチは戒められる。だがどのようにして対象に語らせるというのだろうか。そのために、テクスト中の語義や修辞の機能などを確定する厳密な学問的手続きに基づいた記述が必要なのはもちろんだ。だがそれだけでは足りない。そこで求められるのが、対象がその歴史的全体とともに姿を現すための糸口を見出す読み手の「直観」である。すなわちテクストは、自らの歴史性を意識しつつ対象に身を委ねる「文献学者」の解釈があってはじめて、その時代に応じた自らの意味を開示するのである。今、文学研究が（再び）必要としているのも、自らの解釈によって対象との歴史的距離を再導入しつつ、現代とそれをつなぐ「文献学者」なのではないだろうか。アウエルバッハに模範的な人文学者を見るエドワード・サイードが言うように、「文献学への回帰」が求められているように思う。

　くぼ　あきひろ。関西学院大学教授。専門は文学理論・フランス文学。主要業績：①『表象の傷――第一次世界大戦からみるフランス文学史』人文書院、2011年。②（訳書）レーモン・クノー『はまむぎ』水声社、2012年。③（訳書）ジャン＝マリー・シェフェール『なぜフィクションか？』慶應義塾大学出版、2019年。

国際連盟の社会人道面での活動から
国際連合へ

後藤春美

第一次世界大戦終結の翌1919年、パリ講和会議が開かれ、1920年には国際連盟が設立された。連盟は設立の第一の目的である平和の維持に失敗したため、あまり研究されることのない状況が長く続いた。今日でも、国際連盟について、満洲事変を契機に日本が脱退した機関という以上の認識を持っていない人は多いのではないだろうか。

しかし、21世紀に入る頃から、連盟の研究は国内外で急激に活発となっている。この一つの要因は、国際連合ジュネーヴ事務局の中にある連盟文書館が整備され、連盟期の文書が非常に使い易くなったことであるだろう。また、もう一つの要因は、連盟の活動の多くが国際連合に引き継がれており、連盟を現代の起点の一つと見なすこともできると認識されてきたことであるだろう。

私が国際連盟に興味を持つようになったのは、下記主要業績にもあげた『アヘンとイギリス帝国』につながる研究に従事したためである。それより前、大学院博士課程で私は、『上海をめぐる日英関係』につながるイギリスと日本や東アジアの関係の歴史を研究対象としていた。19世紀からのイギリスと東アジアの関係においてアヘンが重要な問題であったことは言うまでもなく、そのため『アヘンとイギリス帝国』では、1906年から1943年にかけてのアヘン規制の歴史を取り扱うこととなった。そして、両大戦間期にアヘンの規制に取り組んだのが国際連盟だったのである。

コロンビア大学教授スーザン・ピーダーセンは、連盟が取り扱った問題を三つに分類している。すなわち、（一）安全保障、（二）主権、（三）社会問題である。安全保障とは平和の維持に関する問題で、満洲事変への対処などはここに含まれる。主権に関する問題としては、委任統治と少数民族問題がある。少数民族問題とは、第一次世界大戦を経てヨーロッパに新たな国境がひかれ多くの国民国家が作られた際、他の民族が国民国家内に取り残されることとなった問題を指す。ドイツ人やユダヤ人が多かった。問題自体は日本人にはそれほど知られていないのだが、ヨーロッパ在勤で国際連盟に代表として出ていた日本人外交官は、1920年代にはこれに真剣に取り組み、多くの貢献をした。

ピーダーセンの分類による社会問題には、私が取り組んだアヘン問題の他、女性や子供の人身売買、各国の衛生状況、さらには国際労働機関（ILO）が取り組んだ労働など多くの問題が含まれ、国際連盟はこの分野においてかなり活発に活動していた。そして、その活動はヨーロッパに限られることなく、東アジアにも及び、さらに第二次世界大戦後には、国際連合の経済社会理事会に引き継がれていった。

安全保障、委任統治といった問題は、日本でも以前から研究がなされており、国際連盟の限界や欠点が往々にして指摘されていた。しかし、国際連盟が多方面にわたる社会人道面での活動を行っていたことは、私がアヘンに関して調べ始めた頃には、ほとんど忘れ去られてしまっていた。連盟のアヘン問題への取り組み自体だけでなく、私はこれらの活動が忘却されてしまったことにも興味を持った。また、社会人道面の活動を国際連盟の役割の中に取り込み、問題解決を推進しようとした主として西洋の人々と、当時の日本や日本人との落差も感じざるを得なかった。西洋人が中心となって推進していた社会人道面で

の活動に種々の欠点があったとしても、戦間期の日本が、人権や人々の幸福追求などに関して理解不足であり、大いに遅れていたということは痛感せざるを得なかった。

　私自身は、今後もこの国際連盟の社会人道面での活動と、それがどのように国際連合経済社会理事会に引き継がれていったかについての検討を続けていきたいと考えている。その際に注意すべきと考えていることを二点上げておきたい。

　第一は、連盟に内在し、連盟研究にも引き続き存在している、根強いヨーロッパ中心主義である。連盟は現在の国際連合とは異なり、発足当初40数カ国しか加盟国がなく、その大半はヨーロッパ、あるいはヨーロッパに文化的にも親近感を持つラテンアメリカの国であった。アメリカ合衆国はオブザーバーとして会議に参加することはあったが非加盟を貫き、ソ連も短期間加盟していただけであった。よく言われるように、連盟はやはりヨーロッパ中心の機関であったのである。

　この国際連盟を、その中から考えることにこだわった英語での研究などには、連盟のヨーロッパ中心主義を再生産してしまったようなものも見られる。「自分たちの連盟」という意識が強すぎては、グローバルな国際機関を見る目が曇ってしまうのではないだろうか。私自身は、国際連盟が東アジアなどヨーロッパ以外にも活動を広げようとしていたことに目を向けていきたいと考えている。

　第二は、日本と国際機関との関係の問題である。周知のように日本は国際連盟から脱退した。一方、国際連合は第二次世界大戦中のユナイテッド・ネーションズから形成されたものである。日本語では、ユナイテッド・ネーションズを戦争中は連合国、戦後は国際連合と訳し

分けることによって、その継続性、および日本と国際機関との関係を曖昧なものにしている。あたかも、第二次世界大戦後に、平和を愛し、社会人道面での活動にも従事する国際機関が突如出現し、そこに日本も最初から参加していたかのような幻想が作り出されている。

　しかし、事実は大いに異なっていた。戦間期、広くは労働問題までも含めた人道問題に関し、日本の理解は非常に不十分であった。なぜこのような条項が連盟の活動に取り込まれていったのかについてもあまり理解していなかった。さらに、国際機関による社会人道面での改革提案は、社会慣行に手をつけずには実現不可能な場合が往々にしてある。戦間期の日本は、国民の多くが日本語しか解さないという高いバリアに守られ、国際社会で必要と認識された改革も往々にして無視していた。人々の目は曇ったままにされ、曇ったままである方が好都合な人たちもいた。そして、これは果たして戦間期だけの問題なのであろうか。

　人文学の利点は、現在の制度も、欠点を持ち完全ではない人が生み出したものと知ることにあるだろう。彼らの取り組みの軌跡を見ることで、制度自体について考える力を人が得るために、人文学は重要なのだと考える。

　ごとう　はるみ。東京大学教授。主要業績：①『国際主義との格闘——日本、国際連盟、イギリス帝国』中公叢書、中央公論新社、2016年。②『上海をめぐる日英関係　1925-1932年——日英同盟後の協調と対抗』東京大学出版会、2006年。③『アヘンとイギリス帝国——国際規制の高まり　1906-43年』山川出版社、2005年。

私の研究でも役に立ちますか？

服部 伸

　私が大学院に入り、西洋史を本格的に始めた1980年代中頃、日本は二度のオイルショックを乗り切り、安定成長からバブルの時代へ向かっていた。かつてのように西洋は日本のモデルとはならず、西洋史を研究することの意味が改めて問い直された時代であった。他方で、日本の豊かさゆえ、それほど傑出していない私のような大学院生でも、工夫次第で海外留学が可能になっていた。

　個人的な関心から西南ドイツのカトリック政党の研究に手を染めていた私には、二つ悩みがあった。第一に、自分の学術的営みが、社会とつながっているようには感じられず、個人的な知的好奇心を満たすための研究にしか思えなかった。第二に、言語と文化に対する理解のハンディキャップゆえに、その研究が国際的水準に到達していなかった。そんな悩みをかかえつつ、私は「前方への逃避」としてドイツへ留学した。

　シュトゥットガルト大学に入学した私が最初に教授から個人的に指導されたことは、文書館を使いこなすことだった。歴史学科では手稿文書を読むことが重視されていて、私も文書館に通うようになった。しかし、私が出席していたエーベルハルト・イェッケル教授の博士候補生ゼミで知り合った友人たちとの対話の中で、利用者として文書館を訪れるだけではわからないアーキビストの役割を知った。

　アーキビストとは、史料のレファレンスをしてくれる便利な人たち

くらいに考えていた。だが、すでに博士を取得して、州立中央文書館で働いていたゼミ OB の R に、仕事の話をいろいろと聞くうちに、アーキビストの仕事ぶりがわかってきた。彼らは、一方では研究者として論文執筆、学会発表、市民向けの講演会、さらには歴史に関する展示の企画などにも携わる。他方でアーキビストとして、公文書館では利用者に助言するだけではなく、行政機関から持ち込まれる行政文書や一般市民が寄贈するさまざまな私的文書の保管・破棄の決定などの実務を行う。彼らの営みは、まさに彼らの未来を決定するために必要な材料を残すことなのだ。

多くの歴史学学生がめざすアーキビストという職業が、きわめて実用的な目的を持っていることに私は驚いた。歴史学学生が手稿文書を読む技術を鍛えるのには、それなりの理由があったのだ。他方、個人的興味に基づいてぼんやりと外国史を研究している自分とのギャップに困惑した。すぐに利益を生むような知をつくり出しているわけではないにしても、歴史学の知が社会的に重要な責任をもっている。もちろん、日本の日本史研究者なら、自治体史の編纂委員という形で史料の収集・保存に関わりつつ、地域の歴史を執筆するという活動もある。しかし、日本では私にはそのような機会はなかった。

それならば、私の研究が、何らかの意味でドイツの社会に貢献できるのか。これも、否であった。留学中、私も回りの博士候補生たちの真似をして文書館に通い、その成果を博士候補生ゼミで発表した。西南ドイツの一小都市におけるユダヤ系百貨店の出店と、その影響で経営が悪化した地元自営業者の声を代弁した議員に関する研究だったが、私の発表が終わって、イェッケル教授は開口一番、「面白くない」と言った。もっと日本人らしい研究ができないのか、日本にはマルクス

主義の伝統もあるだろうに……。1980年代には、日本でもマルクス主義歴史学は時代遅れで、何を今さらと私は呆然とした。後から思えば、私が少しばかり文書館で集めた史料だけではドイツの研究水準には到達していないと、教授は判断したのかも知れない。それなら、いっそのこと「日本人ならこのように歴史を見る」という、ドイツ人とは異なる切りこみのおもしろさで、あっと言わせろということなのだろう。

　イェッケル教授の前で発表した研究は、帰国後日本語で三つの論文に分けて発表しただけで打ち止めになった。その後、私の研究はホメオパシーという非正統医療支持者が繰り広げた社会運動へと移った。この問題に手応えを感じたのは、近代化の諸問題という地域を超えた普遍的問題に直接関わっており、ドイツに関する研究が、日本の近代を論じる回路となりうるという期待があったからである。

　このテーマに関して日本で小さな本を出した後、ドイツで開催されたホメオパシー史の会議で発表した。ヨーロッパ、南北アメリカなどからの参加者に混じって参加したのだが、他の出席者全員が自国の歴史に取り組んでいたのに、私一人だけが遠い外国の歴史に悪戦苦闘していた。この時も、あるドイツ人からは事例が少なすぎるという批判をもらった。彼らのように、多数の事例を拾い上げていくような研究は私にはできそうにない。

　それでも収穫はあった。というのは、会議のオルガナイザーだったＭは、フランス近世史の専門家でありながら、ドイツに関する研究も手がけていた。彼の強みは、広い視野に立った比較史的な発想にあった。こうして私は比較史へと関心を向けるようになった。

　外国のことを研究するときに、自分たちの社会との類似や相違について考えるわけで、その意味で、外国史は比較史への第一歩である。

問題は、どこまで比較の視点が貫徹されているかであろう。その気になれば、日本の学界は国際比較やグローバル史に向けた情報の天国である。言い古されたことだが、明治以降、外国の情報を集めてきた日本では、世界中の優れた研究の翻訳、日本人自身による実証的研究などが、すぐに手に取れる状態にある。もちろん、日本を含めたアジアに関する情報は豊富だ。自分の研究対象を、世界の中においてみて、再構築すれば、語学力の弱点を補うような研究もできるかも知れない。

　ただ、ここで私は第一の悩みに戻ろう。私の研究は社会とどのようにつながっているのか。何のために、誰に向けて書くのか。日本という事例を知るドイツ史の専門家として、ドイツと世界の研究者、そして人々に語りかけることは無意味ではない。しかし、それ以上に、研究を通してドイツの歴史と現状を少しは知っている日本人として、日本の社会に語りかける必要がありそうだ。気がつけば、世界の目は日本を離れて中国に注がれており、守りに入った日本の若者の多くは、海外で学ぼうとはしない。日々の暮らしの知恵から、ソシアビリテや超人的職人芸に培われた伝統工芸、漢方医療に至るまで、「日本スゴイ」に満足し、安心する風潮の中で、ヨーロッパを等身大の姿で示すことで日本を相対化することも、私にできる役割だと考えている。

はっとり　おさむ。1960年生まれ。主要業績：①「世紀末ドイツ中央党における「地方の論理」——反ユダヤ主義的邦議会陣笠議員と党指導者」『岐阜大学教育学部研究報告（人文科学）』40、1992年。②『ドイツ「素人医師」団』講談社、1997年。③「第二次世界大戦後の鍼灸分野における日欧の交流」『文化学年報』59、2010年。

近代とその思考の方式
記述のシステムの変化から

森岡優紀

「自分自身にとっての研究とは何か」

　昔、ある中国の作家のインタビューをし、それを録音して、後で原稿に起こした事があった。しかし録音した声を聞くと、直接に耳で聞いた感覚とは異なり、雑音等で遮られ、細かい部分がなかなか聞き取れない。この話をある人にすると、それはむしろ録音が正確であり、人間は意味のない雑音を排除して、意味のある音だけを選別して聞いているためだと言われた。脳が聴覚・視覚の情報を処理する際に、志向性をもって雑音やノイズを除く選別作業は早い段階で行われ、その処理方式はトップ・ダン・プロセスと呼ばれている。このような無意識の「志向性」とその「方式」は人間の思考にも共通しているのではないだろうか。我々が「現実とは何か」、「社会とは何か」、「現代とは何か」という大きな問いを考える時、やはり常に何らかの「方式」を通しているのではないだろうか。私にとって、研究は「自分がどのような思考方法を持っているのか」という自覚を深める作業でもある。

「研究テーマと方法」

　私の問題関心の一つとして、「東アジアにおいて、近代社会はどのようにして作られたのだろうか」というものがある。この問題に関しては様々な分野で厚い蓄積があるが、私の具体的な研究は、主に中国の清末における文学や歴史を対象とし、外国との関係性から問題を読

み解いてきた。

　東アジアにおいて19世紀から20世紀初頭は、前近代から近代への転換期に当たっている。言うまでもなく、日本、そして中国も「西洋」を初めて認識したのは、西洋の圧倒的な軍事力からであり、戦争敗北を通して西洋の技術力を知り、またその裏の科学力、それを支える社会システム、そして学術・芸術、記述システム、近代の精神を認識していった。このように中国の西洋近代への認識過程は、軍艦等の具体的な事物への認識から始まり、深化して最後に目に見えない思考・精神を内面化する過程を辿っている。この過程で、私自身が具体的な考察してきたのは、最終部分、つまり中国が自ら培ってきた旧学術・芸術体系から西洋の学術・芸術体系への移行であり、またそれに伴う「記述」体系の変化である。そして私の関心は、前近代的な社会が近代的な社会へと変容していく過程において、記述体系と思考方法が組み変わり、転換していくプロセスにある。

　この時代には現在では見られない、新旧が混合している様々な作品が見られる。例えば、前近代の中国において代表的な小説とは、「白話小説」と呼ばれる長編小説であった。戯作から発展した「白話小説」は、口語をベースにした「白話」という文体で書かれていた。前近代の中国において、「士大夫」と呼ばれる科挙に受かった知識階層が自らの思いを表現するスタイルが漢詩、漢文だとすると、白話小説は庶民に向けた価値の低い言説であった。しかし清末になると、この状況に変化の兆しが現れる。1903年、魯迅はヴェルヌの科学小説を旧白話小説の形式で日本語底本から重訳している。この翻訳は魯迅が手を加えて、旧白話小説特有の描写法を上手く利用して翻訳されている。当時、魯迅は新しい概念等を民衆に啓蒙するためには、小説の「写実

性」が有効であると考えていた。更に、1909年に魯迅と周作人は、世界の近代小説を訳した『域外小説集』を出版している。『域外小説集』は当時珍しかった東欧の小説等も含まれる等、内容的には斬新であったが、魏秦風の古風な文言で翻訳されていた。書き言葉としての文言は時代と共に語彙、文法等が少しずつ変化しており、魯迅は唐・宋代よりも更に古い時代の魏秦風の古文を故意に用いていた。そのため、この作品は新旧混合の初期の習作的な作品と見なされてきた。しかしこれは魯迅が「小説」というジャンルを庶民の娯楽とみなす伝統的な中国文学観を否定し、文学の正統・中心的ジャンルとみなす意識の反映であった。また魯迅は一貫して小説世界が有するリアリティの力を重視してきたが、この翻訳集では西洋小説特有の技法で、リアリティを生み出す技法でもある「焦点法（ある人物に焦点を合わせて描く方法）」が使用されている作品を選んでいる。ここからは、様々な試行錯誤の末、魯迅が近代的な技法「焦点法」を発見し、後にそれを自分の小説に応用した過程が見出せ、同時にそれは魯迅が近代的な思考方式を獲得する過程でもあった。

　近代思想を論じる時には、ナショナリズム等の思想の「内容」を中心に論じられる事が多い。しかし、近代の本質への理解は、その思想的内実と共に、思想の「形式」への理解も不可欠である。近代の思考方式は、その基盤には自然科学がある。自然科学の目的は「再現可能性」を追求する事にあり、それは物理的な利益を最も効率よく導く方法である。「因果関係」とは、この「再現可能性」を保証するものである。科学実験は、同じ対象に同じ方法を用いる事によって同じ結果を導く事を確かめるために行われる。また同時に、体系的な整理のためには、一点から一本の筋で考える「視点の統一」、全体的な法則や

構造を見出すための「メタ的な視点」も必要となる。このような自然科学の思考方式は、人文学と呼ばれる近代的な学問・芸術の中にも内包されている。例えば、歴史の原因から結果へと導く「因果関係」、博物学の樹形図的な分類法、文学の写実主義等である。魯迅は中国で最も早く「焦点法」を中国小説に応用した作家であり、「視点の統一」と「メタ的な視点」によって中国の社会構造を小説の中にリアルに再現しようと試みた作家でもあった。

　今日の時代の科学は近代的な思考方式によってもたらされた結果であるが、現在のこの時代も後から見ると、前近代から近代への移行のように、社会全体の根幹を覆した「近代」に代替する思考の方式が生み出されつつあるだろうか、これは興味深い課題として残っている。

もりおか　ゆき。主要業績：①『中国近代小説の成立と写実』京都大学学術出版会、2012年。②『歴史の周縁から』東方書店、2016年。③ "The Reception of Modern Biography in East Asia : How Washington's Biographies were translated?" *Zinbun*、京都大学人文科学研究所、45号、2015。

番狂わせの果てに

八谷 舞

　「私の人文学宣言」を書くことになり、改めて思い起こしてみたの
だが、私には「宣言」をするほどの不退転の決意とともに人文学研究
を選び取った覚えがない。至極当然の選択として人文学を選び、粛々
と博士号を取得するに至ったというのが正しいように思う。しかし考
えてみれば、「大学院に進むとき迷わなかったのか」「なぜ歴史学を選
んだのか」「なぜアイルランドを選んだのか」などと尋ねられること
は多く、そのたびにお茶を濁してなんとかやり過ごしてきた。聞かれ
たくなかったからではなく、自分でも答えらしい答えを持っていな
かったからである。いい機会であるから、一体自分はなぜこのような
人生を選んだのか、ここで考えてみようと思う。

　もともと「読書家」と呼ばれる部類の人間ではあった。しかし、だ
からと言って、人文学の研究に携わることの理由にはなるまい。私が
東京大学に進学したのは、田舎の進学校の高校生にありがちなことで、
完全に虚栄心によるものであった。高校入学直後の試験で良い成績を
おさめ、担任にこの成績であれば東京大学も目指せると言われ、その
通りにした。ただ、当時の担任が私に東京大学を勧めたのは、教養課
程が2年間設けられており、そこで好きなことを好きなだけ学べると
いう理由であった。他の大学にはない教養学部という学部があるのも
魅力的で、私の興味からすると文化人類学などが向いているのではな
いかと、単に成績や偏差値を基準としたものではない具体的な助言を

いろいろと与えてくれたのである。今思えば、これは非常に幸運なことであった。

　順調ではなかったが真面目に勉強し、どうにか東京大学文科三類に入学した。高校の担任に言われた通り、教養課程での2年間は、世の中にはこんなに知らないことがあり、それを知るのはこんなに面白いのだと実感する幸せな時間に他ならなかった。2年次の「進学振り分け（進振り）」で少しでも高い平均点が要求される専攻に進もうと、効率的に良い成績を取ることに血道を上げている同級生も多かったが、私は早々に戦線を離脱し、成績を気にすることなく、興味の向くままにあらゆる授業を受講した。その結果、教養学部で文化人類学を専攻することは叶わなかった。文化人類学のほかにさして学びたい学問が決まっていたわけでもなかった私は、そこで初めて途方に暮れた。そこで思いついたのが、文学部で西洋史学を専攻することであった。これも、何か高邁な目的があったわけではない。高校のころ世界史は好きな科目であったし、「西洋」にも憧れる、というのがその選択の理由である。進学当初は大学院から文化人類学研究室に移ろうと考えていた。大きな声では言えないが、西洋史学は学んでおけば「方法論」として役立つだろうと、偉そうなことを考えていたのである。

　西洋史学専修に進学してまもなく、卒業論文のテーマを考えなければならなくなったが、専門的に研究したいのはイギリス近代と決まっていた。それでイギリス近代のゼミに入り、講読した文献の中で、近代イギリスにおけるナショナリズムを扱った章に興味を惹かれた。少し勉強してみようと思い、図書館でいろいろと日本語の文献を読んでみたが、「イギリス史」と名の付く文献の中で、スコットランド、ウェールズ、アイルランドのいわゆる「ケルト周縁」がきちんと扱わ

れることは稀であった。この記述のアンバランスさに興味を持った私は、ゼミで扱った文献に出てきたアイルランドのナショナリズムについて勉強してみたいと思い、当時の指導教官に相談をした。すると、私が卒業論文のテーマに近代アイルランド史を考えている「ということになり」、この先生に連絡を取るといい、この文献を読むといいと、あれよあれよと私の前にレールが敷かれた。そうか私はアイルランド史をやるのかと、なかば他人事のように思いつつ、しかしその気になった。こうして私は、高校生の私に話したら首を傾げるに違いない、近現代アイルランド史という専門に行き着いたのである。

　ここまで述べてきた通り、私は大学も専攻も、すべて人からお膳立てされ、そこを粛々と歩いてきた。私の「選択」について、おそらく人が見れば、なんと他人任せなと呆れられるだろう。しかしそれらの他人任せな選択は、私にとってはすべて、幸運な番狂わせであった。結局、私は進学当初に考えていたように大学院で所属研究室を変えることはなく、西洋史学を学び続けている。「試しにやってみたら、肌に合ったから」という以上の理由はないが、このような出会いこそ、セレンディピティと呼ばれるものだろう。

　ところで、最近ようやく気づいたことがある。自分でも流されるままに専攻分野もテーマも選んできたように思っていたが、そう見えて、実はもっとも私自身に関係のあるテーマを選んだのではないかということである。私は博士論文で19〜20世紀転換期のアイルランド女性の読書行動について研究し、現在は同時代のアイルランド女性と図書館の関係性について研究している。研究にあたっての視角は「主体性（agency）」であり、一見するところ唯々諾々と権威者からの「抑圧」に従っていたように見える女性たちが、実は主体性と戦略性を備えて

したたかに行動し、自らの可能性を広げていたということを論じているのである。人文学とは長い付き合いになるが、結局私は自分のことを説明しようとしているのかもしれないと考えると、なんとなく感慨深い。今、人文学の存在感が薄れつつある世の中で、人文学はいったい何の役に立つのかと考えることも多くなった。何の役に立つのかという問いに答えが出せるほど、私はまだ研究者として成熟していない。ただ人文学の醍醐味は、自分を通して世界を知ること、あるいは逆に、世界を通して自分を知ることにあるのではなかろうか。そして、おそらく一生をかけて人文学に関わっていくことになった私は、なんと贅沢な生き方を選んだものかと思う。

やたに　まい。1986年生まれ。岡山県出身。東京大学で学士（文学）および修士（文学）、トリニティ・カレッジ・ダブリンで Ph.D.を取得。2018年度より、日本学術振興会特別研究員（PD）。専門はアイルランド近現代史で、現在の研究テーマは「19〜20世紀転換期アイルランドにおける女性と図書館」。主要業績：① Ciaran O'Neill and Mai Yatani, 'Ambition, Women, and the City : Irish women novelists 1890‑1910' in Anna Pilz and Whitney Standlee（eds）, *Irish Women's Writing 1878‑1922: Advancing the Cause of Liberty*, Manchester University Press, 2016, pp. 100‑20. ②「映画 *Suffragette* に見る女性史叙述の諸問題：女性の動機（motivation）と主体性（agency）をどう描くか」『女性史学』第26号、46〜52頁。③ "Women and reading in *fin-de-siècle Ireland*"（Unpublished Ph.D. thesis）, 2016.

最遠隔地から見た日本列島、日本人、そして四重構造の帝国

根川幸男

　近代日本人の越境移動と複数文化体験の諸相をグローバルな視点でとらえるため、筆者はかつて、「帝国の形成をめぐる四重構造」という枠組みを提示した。すなわち、日本の帝国形成における内地・外地・勢力圏に加え、ハワイ・南北アメリカ大陸・大洋州等、帝国の勢力圏外において、日本列島の人びとが移動・定着した地域や日本語が共有されていた地域を想定したのである（根川2016：6-7）。それは、移民の子弟教育や文芸活動の面からみると、日本語教育や日本語メディアを媒介とした日本語解釈共同体ともいえる地域であった。

　小稿では、長くブラジルという日本列島の最遠隔地から「日本帝国」の成立を見てきた立場から、移植民史における新しい歴史研究の可能性について述べたい。

　移植民史研究とも不可分の関係にある帝国史研究では、その課題として、第一に「帝国を構成する「中心」と「周縁」の双方に目を配るという」総体的な研究の推進が求められ、「とりわけ、支配された側の視点を重視して帝国史を見直してみることが求められ」ている（木畑2005：21）。このような視点からすると、戦前期のブラジル日系社会は、「日本帝国」の主権が及ばない勢力圏外にありながら、最遠隔にある飛び地とも考えられる。なぜなら、1930年代の日本人移民の多くは、子弟を「皇民」として教育することに熱心であり、日中戦争勃発後はブラジル国籍の二世も含めて銃後運動に邁進した。総動員体制

は、ブラジルほか南米諸国の日系社会に深く浸透していた。そして、二世を含む日系人の一部は、太平洋戦争後でさえ、自らを「帝国臣民」と位置づけ、「大東亜共栄圏」の一翼を担う意識を持ち続けたのである（宮尾2003：根川2013：146-147）。たとえば、ブラジルの勝ち組組織は50年代前半まで「皇紀」を使用し続け、実力行使をともなった運動は1953年の「桜組挺身隊事件」まで続いた。興味深いのは、臣道連盟など勝ち組組織が子弟の皇民化教育をその活動目的に掲げていた点である。こうした「日本帝国」の勢力圏外に越境した人びとの存在を意識し、その広域性と複雑性を考える時、移植民史のみならず、日本人をめぐる近代史の研究はもはや帝国の勢力圏内にとどまっているべきではないことが理解される。帝国の勢力圏外に拡張した周縁を考えずして、私たちは帝国の総体を見ることはできないのである。

　では、この「四重構造の帝国」という空間は、どのような時間軸のなかで変化していくのか。2018年は、近代日本最初の海外契約労働移民とされる「元年者」がハワイに渡航して150年になる。この「元年者移民」から1973年最後の移民船までの約1世紀を、移植民史の画期を軸に政治経済的背景と関連付け時期区分すると、以下のようになろう。

　⑴　1868〜1884年：明治維新と日本の世界システムへの参入の時期
　⑵　1885〜1904年：ハワイ・アメリカ本土移民最盛期
　⑶　1905〜1923年：「日本の衝撃」とその影響下の時期
　⑷　1924〜1934年：アメリカ排日移民法とブラジル移民急増期
　⑸　1935〜1940年：ブラジル排日移民法と満洲移民シフトの時期
　⑹　1941〜1945年：太平洋戦争期
　⑺　1946〜1951年：戦後移民停滞・復員・引揚げ期

⑻ 1952～1970年代：勝ち組運動の終焉・戦後移民再開期

　⑴は、「元年者」がハワイに渡航した年である。彼らの一部が残留
してハワイ日系社会の始祖集団を形成した。この時期は、江戸幕府が
瓦解し、明治政府が文明開化と富国強兵政策を進め、対内的には北海
道開拓、沖縄併合（琉球処分）が行われ、日本の帝国化が開始された。
対外的には、日本が世界システムへ参入した時期でもあった。⑵・⑶
は、朝鮮の処遇・権益をめぐって清国・ロシアとの間に行われた日
清・日露戦争の勝利、その結果として、「日本の衝撃」が世界に共振
した時期である。日本は、台湾および澎湖諸島、南樺太、関東州、朝
鮮、南洋群島等を領有し、帝国の勢力圏を拡げていった。日本人の人
流も広域化していく。特に⑶は、北米で日本人移民の入国が制限され
ていく時期であり、⑵・⑶の日本の帝国化の反作用として惹起したも
のである。⑷この北米への移民停滞に連動して、南米への移民が国策
化し、昭和恐慌、世界大恐慌と続く不況によって、ブラジルへの移民
が増加していく。満洲事変の勃発、満洲国成立、日本の国際連盟脱退
という状況下でブラジルへの移民は1933年にピークを迎えるが、日本
の満洲侵攻に連動し、ブラジルで排日運動が加速、1934年に排日的性
格を持った外国移民二分制限法が成立する。⑸日本は満洲国という大
量移民の受け入れ先を獲得し、移植民送出の比重はブラジルから満洲
へ移っていく。そんななか、⑹1941年の太平洋戦争勃発にともない、
ブラジルへの移民が停止。一方、ソ連との国境地帯防備を兼ねて、満
洲辺境への武装移民が推進される。この⑹の戦争初期は日本軍の占領
地区の拡大により、後半期から末期にかけては日本軍の後退と連合軍
の侵攻により、将兵・軍属を中心とした人びとの移動は戦局の推移に
合わせて、アジア・太平洋の広大な地域をローラーする。そして、⑺

戦後、1951年のサンフランシスコ講和条約の結果、(8)ヴァルガス政権の受入れによってブラジルへの移民が再開され、海外移民が復活する。引揚げ者の再移住も含めて、戦後の海外移民は南米を中心に進められていくのである。

このように、日本人移植民史の対象地域を「四重構造の帝国」へ拡大し、帝国の勢力圏外を含めた近代日本人の移動の諸相を明らかにしていく試みが、帝国史、ポストコロニアル研究等の手法と成果を受け継ぎ、地域史や一国史とグローバル・ヒストリーを結節させる新しい「日本人をめぐる近代史」を創発する突破口となり、歴史研究がグローバル化に対応していく手段となるのではないだろうか。

引用文献

木畑洋一（2005）「現代世界と帝国論」歴史学研究会編『シリーズ歴史学の現在10 帝国への新たな視座──歴史研究の地平から』青木書店、3-28頁。

根川幸男（2013）「第二次世界大戦前後の南米各国日系人の動向──ブラジルの事例を中心に」『立命館言語文化研究』第25巻1号、137-154頁。

根川幸男（2016）「序章 近現代日本人の海外体験と移植民史の時期区分──「連動史」を描くために」『越境と連動の日系移民教育史──複数文化体験の視座』ミネルヴァ書房、1-29頁。

宮尾進（2003）『臣道連盟──移民空白時代と同胞社会の混乱』サンパウロ人文科学研究所

ねがわ　さちお。主要業績：①『ブラジル日系移民の教育史』みすず書房、2016年。②『越境と連動の日系移民教育史──複数文化体験の視座』（井上章一と共編著）ミネルヴァ書房、2016年。③*Cinqüentenário da Presença Nipo-Brasileira em Brasília*. FEANBRA, 2008（共著）.

想像力、言葉、民主政

福元健之

　私にとって人文学とは、われわれ人間の想像力を豊かにする学問に他なりません。想像力は、社会的に無用で即物的なものと思われがちかもしれませんが、私の専門である歴史学の観点からいえば、もし社会で想像力が欠如したら、われわれには目の前の「いま・ここ」しか見えず、未来に対しても乏しい展望しかもてないでしょう。

　私の研究テーマは、ポーランド近代史における社会問題とナショナリズムであり、現在は、マルクス主義者ローザ・ルクセンブルク（1870〜1919年）が生きていた時代を手掛けています。彼女の経済理論は、後にイマニュエル・ウォーラーステインの近代世界システム論などに影響を与えましたが、簡単にいえば、ルクセンブルクは、資本主義経済は非資本主義的な外部領域を内側に取り込むことでしか発展しないと考え、その認識にたって民族紛争や国家間の戦争、「帝国主義」の展開を論じたわけです。

　彼女の死からおよそ100年たった現代世界では、外部領域はもはや電子金融空間しか残っておらず、また、既にそこでは実物経済を凌駕するほどの資本が動かされているとされます。この状態では富の分配が滞り、その帰結として、民主主義の機能不全や、外敵の創出という方法で貧困から目を背ける行為が世界中で発生しているのです。電子金融空間はまさしく人間の想像力の賜物なわけですが、これに依存する政治経済システムの転換に向けられた新しい想像力が、いままさに

求められているといえます。

　人文学は、想像力によって、所与の現実から自由になって物事を考えることをわれわれに促します。時代を超えて知的なヒントの源泉であるルクセンブルクの著作は、その政治的主張に関係なく、人文学の見本の一つだといえるのではないでしょうか。たとえるなら、人文学は、自分自身の考え方を変えるきっかけとなる「知の旅」だといえるかもしれません。そして、その旅でわれわれが踏みしめる道となるのは、言葉です。

　歴史学では、現代のわれわれの言葉と過去の人びとの言葉とがまず区別されます。戦争や事件、社会構造、文化表象といった様々な次元における問題を現代の言葉で設定し、史料に記されている言葉によって答えることが、歴史学の基本的な作業です。関連する文脈や状況を把握しながら史料を読むことを通じて、過去の当事者には理解できなかった諸問題の検証が可能になり、このことは、翻って自分自身のことを反省する契機にもなるわけです。

　ここでまたルクセンブルクに戻らせてください。じつは、ルクセンブルクは経済理論では成功を収めましたが、その理論に基づいて展開されたナショナリズム論は、それほど影響力をもつことはありませんでした。それは、彼女にとっては「帝国主義」的な膨張を遂げた巨大国家において最も革命の可能性があり、それを小国家群に分割してしまうことは、歴史の逆行を意味したからです。しかし、歴史は彼女の見立てとは正反対に進み、東欧では多民族帝国から小さな国民国家群が生まれました。ルクセンブルクが信じた労働者階級も、独裁政治や排外主義の渦に巻き込まれることになるわけです。

　ルクセンブルクの経済理論での成功と、ナショナリズム論での挫折

のギャップを知ったのが、彼女について直接論じてきたわけではない
とはいえ、私にとっては研究の出発点でした。経済構造の分析を論理
的に突き詰めた革命家女性。しかし、彼女は、人びとの政治的動員に
おけるナショナリズムの力を見誤ったかにみえます。第一次世界大戦
以後の東欧では、ナショナリズムは人びとに新しい社会観や世界観を
与えたのみならず、国家独立の正統性をも保障するものとなりました。
人びとの言葉を規定するものとしてナショナリズムが浸透していった
わけですが、それがいかなる過程のもとで進んだのかは、歴史学とし
て非常に重要なテーマです。この過程が、今日に至る世界に長期持続
的な影響を与えていることを踏まえるならば、現代の起源としての過
去を知ることで、われわれは自分たちの置かれる文脈を相対化する視
点をえることができるはずです。

　私の現在の関心は、第一次世界大戦を通じて、いかにナショナリズ
ムが地域医療のなかに浸透したのかという問題にあります。いずれは
戦間期ポーランドにおける医師集団と排外主義をも視野に入れて、異
質な住民からなる地域共同体の歴史的可能性について論じ、グローバ
ル資本主義とナショナリズムとの結合体制がヘゲモニーを握る世界の
代替像の模索に貢献する研究をしたいと思います。この課題のための
糸口は、ヤヌシュ・コルチャク（1878～1942年）のようなユダヤ人医
師が提供してくれると考えています。排外主義に傾斜する社会と対峙
しながら子どもの権利思想を展開した彼の著作は、非常に重要な史料
だといえるでしょう。これが、私の考えている知の旅の全体図です。

　そして、その旅は自分一人では歩ききれるものではなく、また一度
で終わるものでもありません。多くのひとから知恵を借り、それでも
何度も迷って行ったり来たりを繰り返すでしょう。

第1章　われわれはどこから来たのか

　論文や著作という形をとるときには隠れてしまうのかもしれませんが、知の旅の記録である人文学の作品は、無数の試行錯誤や他者との対話によって成り立っているのだと思います。もっとも、このことは人文学に限ったことではなく、いやしくも科学であるならば、自由な発話や発想を抑制する権威主義から距離を取り、異なる複数の意見の衝突を永久に続ける民主政理念が貫徹されなくてはなりません。このことは、想像力が形骸化されずにアクチュアルであり続けることには必須のことであり、各人が生きた思索を展開するからこそ、人文学は、未来に対する感覚を研ぎすまし、より合理的な判断を下すための素材を提供するという社会的責任を果たすことができると思います。そのために、未知なるものと遭遇し、想像力の地平を広げるための驚きや戸惑い、そしてなにより面白さであふれる知の旅の宿場街であることを、私は大学に期待しますし、まことに微力ながら、自分もまたそのために尽力したいと思います。

　ふくもと　けんし。1988年生まれ。関西学院大学文学部研究特別任期制助教。主要業績：①Kamil Śmiechowski, Marta Sikorska-Kowalska, Kenshi Fukumoto, *Robotnicy Łodzi drugiej połowy XIX wieku. Nowe kierunki badawcze*,（Łódź, 2016）.②「ワルシャワ・ポジティヴィズムの後継者たち──地方医療における思想・組織・実践」『東欧史研究』第39号、2017年。③「党派間連帯の模索──ロシア領ポーランドの1905年革命」『西洋史学』第257号、2015年。

暴力の経験史の構築に向けて

今井宏昌

　2018年という年は、第一次世界大戦終結100周年であると同時に、ドイツ史においてはホーエンツォレルン家を中心とする帝政が崩壊し、「ドイツ共和国」宣言がなされてから100年目の年であった。このドイツ史上初の共和国は、1919年8月の新憲法制定をもって正式に発足し、その誕生の地である中部ドイツの都市の名をとって、一般的に「ヴァイマル共和国」と呼ばれる。岡義武『独逸デモクラシーの悲劇』（弘文堂、1949年）に象徴されるように、1933年1月30日のヒトラー内閣の誕生をもって終焉を迎えるその歴史は、戦後日本の言論空間において、しばしばひとつの教訓、あるいは「戦後デモクラシー」にとっての写し鏡として論じられてきた。このような見方は、現在でも一定の影響力を及ぼしている。

　確かに、現代日本の政治・社会を考えるうえで、ヴァイマル共和国史が今なお重要な問題提起をおこなっていることは疑いようがない。ただ、「ドイツ共和国」宣言から100年が経過し、また「もはや戦後ではない」というスローガンすら歴史研究の対象とされている現在、単にヴァイマル共和国を日本の現状と照らし合わせて論じるだけでは、ドイツ現代史を専門とする研究者・教育者として、その責を十分に果たしているとは言い難い。求められるのは、「ポスト戦後」のヴァイマル共和国史研究ではないだろうか。

　私が拙著『暴力の経験史』において、ヴァイマル共和国初期（1918

〜一九二三年）における「戦後の戦争」、あるいは「平和の中の戦争」の問題を世に問うたのも、ひとつはそのような動機からであった。敗戦と革命を契機に正規軍が崩壊状態に陥り、またさらに東方における国境線が液状化する中にあって、新生ドイツ共和国にとっての暫定的・代替的な武装権力として機能したのは、「義勇軍 Freikorps」と総称される無数の志願兵部隊だった。第一次世界大戦直後の一九一九年を通じて、これらの部隊は国内の治安維持や東部での対ポーランド国境闘争、バルト地域での反ボルシェヴィキ闘争（干渉戦争）を担った。しかしその一部は、ヴェルサイユ条約を締結し軍縮を推し進めるヴァイマル共和国に憎悪の念を深めていき、やがて反政府クーデタや政府要人の暗殺を展開することとなる。参加者数は少なく見積もっても二〇万、最大で四〇万とされ、第一次世界大戦の従軍経験をもつ青年将校がその中核を担った。戦争終結が宣言されて以降も武器を手にとり、「内なる敵」や「外敵」に対する暴力を行使した彼らの経験から、ヴァイマル共和国史を捉え返すことができないか——こうした問題関心が「対テロ戦争」の時代とともに青少年期を過ごした私自身の経験に根ざしていることは、やはり正直に告白せねばなるまい。

　実は戦後日本の研究でも、義勇軍が一時期脚光を浴びた時代があった。篠原一『ドイツ革命史序説——革命におけるエリートと大衆』（岩波書店、一九五六年）は、反革命組織としての義勇軍に注目し、「集団的無法者」との性格づけをおこなっているし、また山口定『アドルフ・ヒトラー——第三帝国への序曲』（三一書房、一九六二年）は、アメリカの歴史家 R・G・L・ウェイトに倣い、義勇軍を「ナチズムの先駆者」と捉えている。しかしながら、そうした評価は義勇軍の一部、ないしは一時期の姿を切り出したものに過ぎない。この点についてはす

でに村瀬興雄が1963年の段階で指摘しており、またさらに欧米では、1990年代以降のポスト冷戦期において、「ナチズムの先駆者」とは言い切れない義勇軍の多様な実態が明らかにされている。

これらの点を踏まえた上で、拙著ではナチ、共和派、コミュニストといったように、相異なる政治的道程を歩んだ3名の義勇軍戦士のバイオグラフィを比較検討し、そこから義勇軍とその経験がもつ多様性と重層性、そして歴史的意味を明らかにすることを目指した。また分析に際しては、「経験史 Erfahrungsgeschichte」の分析視角を採用した。経験史とは、歴史主体が社会的現実をどのように知覚・認識・解釈し、さらにはそれを受けてどのような行為に及んだかを問題とする歴史学のいち分野である。そこでは「体験 Erlebnis」と「経験 Erfahrung」が明確に区別され、前者がリアルタイムで生じた知覚的印象、後者がその事後的解釈と定義される。また解釈のあり方は、主体の置かれた外的な状況・構造とのかかわりの中で絶えず変化し、さらにはその解釈に準ずる形で、次に何が起きるかという将来への期待、いわば行為への指針も変化していくと考えられる。つまり経験史の主眼は、「体験→解釈→期待→行為→体験……」という絶えざる円環運動を前提とした、主体の内的世界と外的構造との相互作用の分析にある。

現時点では、①義勇軍経験とその前後の経験の複合によって、主体の態度や行動に差異や偏差が生じ、それらが主体の政治化過程をも大きく規定した点、②義勇軍という存在が国民的に広く知られるようになる中で、各人の経験が交差・共振した点、③各人の経験の共通項として、「暴力を辞さないアクティヴィズム gewaltbereiter Aktivismus」というべき姿勢が存在した点を、明らかにすることができた（と自負

している）。しかし問題は、1923年9月に義勇軍運動が終結を迎えたのち、義勇軍経験、特にその共通項である「暴力を辞さないアクティヴィズム」がいかなる展開を遂げたかである。拙著ではそれらがナチズム運動だけでなく、反ヒトラー・反ナチ抵抗運動への回路も準備したと述べたが、この点については未だ具体的な検討に至っていない。

今後の研究では、ヴァイマル共和国初期における政治的暴力の担い手となった義勇軍出身者たちが、「相対的安定期」と呼ばれる中期（1924〜1928年）、ナチズムが台頭し政権を手中に収める末期（1929〜1933年）、ひいては第三帝国やスペイン内戦、第二次世界大戦において、いかなる経験を新たに積み重ねていき、またその過程で自らの義勇軍経験をどのように位置づけたのか、さらには彼らの「暴力を辞さないアクティヴィズム」がいかなる局面で前面化したのか／しなかったのかを明らかにすることを、当面の課題としたい。

いまい　ひろまさ。1987年大分県日田市に出生。2011年福岡大学大学院人文科学研究科博士課程前期修了。2014年東京大学大学院総合文化研究科博士課程を単位取得退学。2016年博士（学術）を取得。日本学術振興会特別研究員PD（九州大学大学院比較社会文化研究院）を経て、現在、九州大学大学院人文科学研究院歴史学部門西洋史学講座・講師。主要業績：①『暴力の経験史——第一次世界大戦後ドイツの義勇軍経験　1918〜1923』法律文化社、2016年。②「ヴァイマル共和国初期におけるボード・ウーゼの義勇軍経験——エゴ・ドキュメントにもとづく予備的考察」『史淵』155輯、2018年。③「ドイツ義勇軍経験とナチズム運動——ヴァイマル中期における「独立ナチ党」の結成と解体をめぐって」『ゲシヒテ』11号、2018年。

脱人間の人文学

藤原辰史

　人文学的素養と呼ばれてきたものを、できるだけ遠くから眺めていたいと思う。自然科学と比べ人文学が大事にされていないと誰かに訴えることにも、違和感がある。自然科学分野との権益の分捕り合戦のなかには、できるだけ立ち入らないでいたい。自然科学の人間は数式や化学式で説明するが、人文学の主戦場は数式や化学式では説明しきれないところなのだ、という手垢にまみれた擁護論にもできるだけ与しないでいたい。

　なぜなら、自戒を込めていえば、これらすべての主張は人文学の自己愛の吐出にすぎないからである。自然科学者も数式や化学式ではない専門用語を創出し、説明を試みている。自己から距離のとれない人文学はジンブン学ではなくジブン学であり、端的にいって見苦しい。人文学的素養として構築された巨塔が、どれほど小さなものであるかを知らぬままその必要性を語ることは、無知をさらすことと同義である。昨今の政治、社会、経済が文学や哲学を自分の領域から遠ざけようとする重い空気は、もちろん気持ちよいものではないけれど、人文学者の敗者気取りが放つ空気もまた、けっしてさわやかではない。

　こうした自己愛から逃れるほとんど唯一の方法は、異界の住人たちの話を聞くことだ。いま、話を聞くことは最も難しい技術の一つになっている。自分の世界観の反映としてしか相手の話を聞けなくなった瞬間に、その世界観は単なるひとりよがりとなる。まるで難民とい

第1章　われわれはどこから来たのか

う存在が、自分は難民にはきっとならないという根拠のない思い込みの反映であるかのように。

とはいえ、わたしも歴史研究に短い人生を費やしている以上、沈黙という別種の自己愛だけは避けたい。現代経済の価値観から魚雷を打ち込まれた船の乗組員の一人として。なにも語らぬまま真実を抱えて海をただよい、プランクトンの群れに食べられるという感傷的妄想にも若干惹かれないでもないが、人文学の偉大さを語るのとそれほど変わらぬ自己愛がやはり沈黙にはにじみ出ているように思える。

では、どうやって、不毛な自己愛を回避するのか。効果があるか分からないが、最近、人文学からの幽体離脱の術を習得すべく悪戦苦闘している。人文学の主な対象である人間を、狭くとらえないように。世の中を経済発展に向かわせるかそうでないかという二分法によって人文学が沈没させられる前に、自己分解と再構築を開始させることで、沈没船からの脱出を図るという少し無謀な作戦である。

たとえば、食の営みについて考えると、人間という従来のイメージが崩れていく感覚にしばしば襲われる。人間に棲みつき主に繊維などの食べかすを食らう微生物たちに着目しよう。大腸に棲んでいてその数は100兆ともいわれるが、人間を棲処とするこの存在は「人間」の外にいるのか中にいるのか。一人の人間は、一つの切り離せない存在ではなく、無数に分解される生きものたちの集合体であり、一定の期間で体の水分や物質が入れ替わる存在だと捉えるならば、ついでに細胞内には昔の独立した生きものであるミトコンドリアが棲み着いているとするならば、人文学はいったい人間をどう論じるべきなのか。それだけ入れ替わりのはげしい仮象である人間に、「記憶」というものが宿り、「隣人」が断続的に現れ、そこに「責任」が生じ、そうやっ

75

てかろうじて昨日の自分は今日の自分であり、明日もたぶん自分でありつづけるだろう、と確認できるのだが、それはそもそも、物質的には相当あやうい。人間とは、不変不動の存在ではなく、「記憶」や「隣人」に頼ってないと崩れるような、可変流動の過程であること。さしあたりこのあたりから人文学を分解させていきたい。

　もちろん、「人間」概念の崩壊を直視することには正直怯む。なぜなら、人の基本的な権利である自由を傲慢とはき違えている為政者たちに抗するには、人間存在の交換不可能性こそが絶対的な根拠となるからである。そういった為政者たちの得意技こそ「人権軽視」だ。

　「人間」という概念から魂を離脱させ外からそれを眺めるという試みは、それゆえ、そんな人間たちの養分にもなる。比較的容易に考えられる過去の事例はナチスである。ナチスは、「人間」から一旦身を引き、そこに「人種」を置きなおして世界を読み直した。それは、家畜の種と同じレベルで、人間の種を論じることを意味する。そうでなければ、飢えて死んでもしようがない人種を創出し、ドイツ人を飢えから救う飢餓計画を、ナチスは打ち出せなかっただろう。そもそもそんな人間概念の換骨奪胎は、遺伝学の発展と人種学の創出という歴史的事件がなければ、ありえなかった。ナチスは、人権思想を知っていて、それが、失業者を前提とする社会では欺瞞であるとしてあえて無視した。武力でナチスを打倒した西欧諸国は、しかし、その前に言葉の力でナチスを打倒することができなかった。だからこそ、ナチスを研究しなければならない。ナチス再来を防ぐためではなく、ナチスが踏み入れなかった道に何が残っているかを見極めるために。

　その道は、人間以外の存在への注視と拘泥が、自分以外の人間の抹殺になってはならない道である。

第1章　われわれはどこから来たのか

　有機水銀に侵された水俣湾の魚を食べた猫の踊り死に、水俣病の発端があったという事実は、単に、水俣病の経路を説明しているのではない。神通川水系に生きる鮎も稲も人間もすべてカドミウムという物質に汚染された事実も、単に、イタイイタイ病の状況を説明しているのではない。どちらも、水陸の生きものの死と人間の死が密接不可分であるという平凡な自然法則に、近代社会の住人も近代経済の主人たちも、そして人文学者も公害という代償を払ってようやく気づいたという苦い事実を伝えているのである。

　非人間たちは言葉を持たない。だが、言葉以外のものを、さまざまな媒体を通じて交換している。空気、水、土壌という媒体で、電子、栄養、窒素、酸素、二酸化炭素、ミネラルなどを交換している。エコロジーという緩慢な言葉に吸い取られるまえに、熾烈で、厳格で、暴力的とさえいえる物質と生きものの相互関係を、そのままに叙述してみたい。数式も化学式も自然科学の専門用語も人文学が開示しようとする内実を示す媒体であるのだから、避けないでおきたい。消化できそうになくても、口を開けて飲み込んでみたい。

　近代人文学は、食わず嫌いによって細ってきた。人文学者の偏食を矯正すること。そんな学校給食のような目標こそが、人文学の沈没のまえに自己解体を緊急発進させるのである。

　ふじはら　たつし。1976年生まれ。主要業績：①『カブラの冬——第一次世界大戦期ドイツの飢饉と民衆』人文書院、2012年。②『増補版 ナチスのキッチン——「食べること」の環境史』共和国、2016年。③『トラクターの世界史——人類の歴史を変えた「鉄の馬」』中公新書、2017年。

第2章
われわれは何ものなのか

Where is the Life we have lost in living?
Where is the wisdom we have lost in knowledge?
Where is the knowledge we have lost in information?

Thomas Stearns Eliot, "The Rock"

人文学と教養教育

木畑洋一

　人文学に対する風当たりが強くなったのは、いつ頃であろうか。この「人文学宣言」が出されるきっかけは、2015年夏に文部科学省が、教員養成系とともに人文社会科学系の学部・大学院の廃止や転換を求めた状況と考えられるが、そのような問題はずっと以前から存在していた。私自身の狭い経験をとってみても、東京大学教養学部長をつとめていた2006年に、高等教育専門雑誌『IDE』に依頼されて、特集「大学改革の危機と人文学の危機」（2006年11月号）に、本稿のタイトルにほぼ等しい「人文学の危機と教養教育」という一文を寄せたことがある。その頃感じ、最近改めて強く感じていることは、人文学をめぐるこのような状態の一種のデジャヴュ感である。

　そのデジャヴュ感を生み出すのは、1990年代初めにおける教養教育に対する圧迫・攻撃の記憶である。若い方々はもうご存知ないかもしれないが、大学設置基準の「大綱化」なるものが実施されたことによって、それまで存在していた一般教育科目と専門教育科目などの科目区分規定がなくなり、大学の内外で専門教育を重視する力が強く働くなか、教養教育を担ってきた教養部などの部局が廃止されたり教養部の教員が専門学部に分属させられたりするという変化が全国的に起こったのである。当時の文部省関係者は、教養教育を軽視して教養部つぶしを意図していたわけではないと説明していたが、専門教育という名の実学重視の姿勢のもとで教養教育が攻撃の的になっていたこと

第2章　われわれは何ものなのか

は、明らかであった。

　このような方向性が深刻な問題をはらむものであることは、まもなく広く意識されるようになり、21世紀になる頃からはさまざまな形での教養教育再構築の試みや、専門教育と教養教育を結合させていく試みなどが行われるようになってきた。とはいえ、教養教育の中核となる位置を占めてきた人文学（伝統的にはその柱は哲学、歴史学、文学であった）を、不要とはいわないまでも軽視する態度は、その反面としての専門教育、とりわけ直接的な実用的成果に結びつく学問領域を重視する姿勢とあいまって、一貫してつづいてきていると考えられる。

　2006年の拙稿でも強調した点であるが、教養教育を効果的に展開していくためには、人文学教育を十分に推進していくことがきわめて重要となる。もとより教養教育は人文学に尽きるわけではなく、自然科学の教養も大きな位置を占める。しかし、教養教育の目的を個人の全人格的な知的基盤の形成に求めるならば、人文学の活用が教養教育の核となるはずである。私自身は、個々人が人として自分が立っている場を見出し確かめていくための助けとなる教育として教養教育を語ってきたが、人間が歩んできた道のりのなかで自らが置かれている位置を確認するには歴史を学ぶことが必要であるし、人間の知的世界の広がりの様相を知るためには哲学や文学を学ばなければならない。かつての教養教育軽視の誤りを克服し、それを推進していくためには、人文学の強化こそ必要なのである。

　しかし、文部科学省の政策に示されているように、現在それとは逆の方向性が追求されている。デジャヴュ感の生じる所以である。ただそれと同時に、かつてはなかった新たな問題も筆者は最近感じている。それは、現在の日本での教育、とりわけ高等教育において、グローバ

ル化への対応とか、「グローバル人材」の育成とかいったスローガン が飛び交っていることと、人文学軽視の動きの間の矛盾である。

　「グローバル人材」なるものにはさまざまな定義がありうるが、要 するに、グローバル化が進む現在の社会のなかで主体的に生きていけ る人間のことを指すといってよいであろう。「グローバル人材」を語 る場合に、よく語学力とかコミュニケーション力とかが重視されるが、 筆者は、それらはあくまで手段であると考える。重要なのは、外国に おいてであれ、日本においてであれ、他者と積極的に交わり、他者の 立場と考えを十分に理解して、そこから自分の立場というのを常に見 つめ直すことができる力である。そのためには、幅広い関心や好奇心 をもち、いろいろな考え方、いろいろな価値観を理解できる、あるい は理解しようとする、そういう開かれた姿勢、開かれた心をもたなけ ればならない。これは結局のところ、筆者が教養教育のめざすものと して語ってきた姿と重なり合うものである。

　従って、グローバル化していく社会で生き抜いていくための教育を 行おうとするならば、教養教育のいっそうの強化が必要であり、その 中核をなす人文学のさらなる振興があって然るべきなのである。その ような基本的姿勢を欠いたまま、小手先だけの語学教育やコミュニ ケーション力教育を行ったところで、「グローバル人材」が育成され ることはありえない。

　人文学にせよ、それを核とする教養教育にせよ、短期間で結果が出 てくるというものではない。このような教育が軽視されていることは、 ものごとの短期的な様相や直接的な成果のみに目を向けようとする傾 向の強化と裏腹の関係にある。一つの問題は、そのような傾向が日本 だけでなく、現在の世界であまねくみられることであろう。その点を

鋭く指摘して、長期的視座に立つ歴史学の重要性を唱えたイギリス人歴史家（現在は米国のハーヴァード大学教授）デイヴィッド・アーミテージと米国人歴史家ジョー・グルディによる『歴史学宣言』（2014年、邦訳は『これが歴史だ！　21世紀の歴史学宣言』刀水書房、2017年）の主張を紹介して、「人文学宣言」への寄稿の結びとしたい。

　　言わず語らずのうちに、われわれが皆長期の見方の専門家となり、長期持続に回帰することが、これほど重要となったことはこれまでに一度もなかった。過去と未来の関係を一新し、来るべき未来について批判的に考える過去を使うことはわれわれが今必要とする方法である。歴史家はそれを最もうまく提供できる人びとである。

　アーミテージはこの議論を実践する形で、とかくその要因が短期的にとらえられがちな各地での内戦をローマ時代からの長期的な視野のもとに位置づける著作を、その後公刊している。教養教育、そして人文学の推進をことあげするこの一文を記した身としても、気持ちを新たにしてこれからの仕事に取り組んでいきたい。

　きばた　よういち。1946年生まれ。主要業績：①『支配の代償──英帝国の崩壊と「帝国意識」』東京大学出版会、1987年。②『帝国のたそがれ──冷戦下のイギリスとアジア』東京大学出版会、1996年。③『二〇世紀の歴史』（岩波新書）岩波書店、2014年。

人文学のあり方をめぐって

西洋史研究の現場から

南川高志

　私が専門とする古代ローマ史は、ヨーロッパでは古典学（Classics）と称される領域に含まれ、西洋ではルネサンス以来の伝統のある学問である。典型的な人文学といってよいかもしれない。古代ローマ史は、日本でも明治の頃から研究されるようになったが、第二次世界大戦後の日本の歴史学界では、西洋古代史の研究の意義はなかなか理解されず、「役に立たない」学問と見なされることがしばしばであった。また、意義を認めたとしても、世界史の発展段階の枠の中での意義づけにとどまり、奴隷制や大土地所有、奴隷反乱などの研究テーマが評価される程度だった。私は、1970年代の後半から1980年代前半に学生・大学院生時代を過ごしたが、その頃の状況も1950年代と大きくは変わっていなかったと思われる。ローマ帝国の政治史を専攻した私は、自分なりに研究の意義を認めていたものの、肩身の狭い思いをしていた記憶がある。学部卒業論文のテーマとして、哲学者皇帝マルクス・アウレリウスの治世に生じたローマ帝国と北方諸部族との戦争、マルコマンニ戦争を取り上げたが、この戦争を知っている方は日本では西洋古代史研究者でもわずかで、おそらく私は奇異なテーマの勉強をしている学生と思われたことだろう。

　しかし、今や古代ローマと現代日本との距離は大いに縮まった。古代ローマの遺跡を訪れる日本人が増え、テレビ番組でもさかんに取り上げられている。作家の塩野七生氏の全15巻に及ぶ『ローマ人の物

語』が大いに読まれ、ヤマザキマリ氏の漫画『テルマエ・ロマエ』と
その映画版によってさらに人口に膾炙した。ややさかのぼるが、2000
年の公開で、ローマの剣闘士が主人公の映画『グラディエーター』も
日本で話題になり、デパートやスーパー・マーケットで、ローマ人の
靴をモデルにした「グラディエーター・サンダル」なるものが売り出
された。この映画の冒頭はローマ軍と北方部族との激しい戦闘シーン
であるが、この戦いこそ私が卒業論文で取り上げたマルコマンニ戦争
なのである。映画を見た後、私は隔世の感を禁じ得なかった。

　このように日本で古代ローマは身近なものとなったが、日本社会で
知られる古代ローマの知識や歴史理解の進展に、西洋史研究者はどの
ように関わってきたのだろうか。もちろん歴史学者の研究成果の提示
や作品は出版や映画とは異なるし、歴史学の専門研究者のみが適切な
歴史像や歴史認識を提供できるなどと考えることは適切ではないが、
人々の歴史理解のために専門研究者が研究の成果を社会へ発信するこ
とはたいへん重要である。歴史学者の研究成果から引き出された知識
や認識が社会に伝わり、出版物や映像とは異なる歴史像、歴史認識が
広く理解される必要があろう。

　確かに、古代ローマ史研究者の学術書や啓蒙書の刊行は増えている。
また、西洋古代史研究者を含めた西洋古典学研究者によって古代ギリ
シア・ローマ時代の文学、哲学、歴史の作品が数多く日本語に訳され、
一般読者が古代に直接アクセスできるようになったことは特記に値す
る。しかし、日本の西洋古代史研究者が多様な方法を用いてもっと一
般社会へ発信してもよいのではないかと感じるのである。これは、古
代ローマ史に限らず、西洋史研究全般にいえることではなかろうか。

　イギリスのオックスフォード、ケンブリッジの両大学といえば人文

学の牙城で、スタッフは苦労なく研究に専心しているように考えられやすいが、ギリシア史やローマ史の研究・教育の振興のために、大学教員・研究者たちは涙ぐましい努力をしている。私はケンブリッジ大学の友人から、彼が市内の書店で開いたケンブリッジ市民や観光客向けの古代史の企画を見に来るように招かれたことがあった。書店内の古典学関係書の売り場スペースの確保と古典学の面白さを市民や観光客にアピールすることが目的の催しで、有名教授たちが古代人の面をかぶって演説していた。伝統的な学問になればなるほど、それが現代に何の役に立つのか説明する必要がある。時代に関わりなく人類にとって大切な学問であることを理解してもらえるように、わが同学の友人たちは格闘していたのであった。

　人文学は、医学や薬学のように直ちに人々の健康改善に効果を上げたり、工学や社会科学のようにすぐに政策に取り入れることができたりするものではない。西洋史について言えば、古代史や中世史だけでなく、近代史や現代史も同じで、すぐに役に立つわけではないのである。しかし、人文学は古来、人間の生き方や世界のあり方に対して、その深部において重要な影響をもたらすものとして意義づけられ、教育・研究されてきた。そのために、学問として政治から独立していることや経済的利害に対して清廉な立場を維持することなどが重視されている。けれども、社会的な要請を無視してよいという訳では決してないのである。

　ところで、人文学、とりわけ歴史学は、その学問が教育・研究される場を基礎とし、その社会と密接な関係の中で発展してきた。しかし、日本では、いわゆるグローバル化によって、とくに西洋史のような外国学は様々な課題を抱えることになった。研究成果の発信の仕方もそ

の課題の一つである。欧米には存在しない、外国史である「西洋史学」は、それゆえ外国語と日本語で成果を発表する必要があり、そのどちらも推進しなければならない。同時に、読み手を念頭に置けば、発信する内容に違いが生じることも認識しなければならない。ただ、欧米での研究成果を帰国後に内容そのままで日本語に変えて切り売り発表することの難が指摘されてすでに久しいが、いまだ大学関係者の一部に残る、日本の大学の学位論文より欧米の大学の学位論文の方が上級との思い込みや、外国の大学での学位取得数を増やせとする政府の政策が、事態の改善を難しいものにしている。

　グローバル化の中で西洋史学という学問がいかにあるべきか、早くから幾度も検討がなされてきた。近年の『思想』や『西洋史学』誌上の特集でも取り上げられている。研究成果の発表と発信をどうすればよいかという問題は、単なる学問の手法というよりも、研究者としての生き方にも関わる深刻な問いである。西洋史学にとどまらず、人文学とは何のためになされるものであるか、研究者は逆風の続く中で改めて考えてみる必要があるだろう。

みなみかわ　たかし。1955年生まれ。京都大学大学院文学研究科教授。主要業績：①『ローマ皇帝とその時代——元首政期ローマ帝国政治史の研究』創文社、1995年。②『新・ローマ帝国衰亡史』岩波書店、2013年。③『海のかなたのローマ帝国——古代ローマとブリテン島（増補新版）』岩波書店、2015年。

江戸が危ない

歴史学の「内憂外患」

岩城卓二

　平和で百姓が生きやすかった江戸時代。高い教育力と産業技術。長屋の助け合い。サラリーマンのような武士。リサイクル社会。メディアでは江戸がとりあげられ、現代の私たちが学ぶべき時代であるという「江戸礼賛論」が、巷間で流布している。岩淵令治は、都市江戸を中心にこうした言説を「幸せな江戸像」と捉え、それが流布する背景について、「日本人」としての誇りを自覚させようとする教育政策や、観光政策による文化財の商品化等から説明し、「幸せな江戸像」の危険性を訴えるが（「遙かなる江戸の此方にあるもの——"幸せな江戸像"と文化ナショナリズムをめぐって」『歴史学研究』第966号、2018年）、江戸時代論への警鐘として、私もその危機感を共有する。

　私は細々ながらも30年以上、江戸時代の史料を読み、諸研究に学んできた。近代以降、失われていった民衆世界が持つ奥深さ、村と百姓、町と町人が持つ自治力、その力を基盤とする支配の仕組み等々、個々の事象・局面だけを取り出せば、江戸もなかなかやるなと思うことは少なくないし、近代につながった側面も否定はしない。近代・現代への批判としても意味がある。それでも私は感覚的に、江戸時代を良い時代と思えない。余程の無礼を働かなければ切り殺されなかったとしても、武装する武士と接することは怖いし、武士には「様」付けし、百姓等が対等に会話できないことや、特定の人だけに名字が許されていることも変だと、感じるからである。それはどんな大家であっても

「先生」ではなく「さん」付けする歴史学界の住人だからであり、こうした感覚を大切にしたい。どれだけ長所があったとしても、武士が慈悲深かったとしても、身分制が社会編成の核である江戸時代を総体として礼賛する言説はおかしいと思うのである。

　戦後日本の歴史学は各時代の矛盾・問題点に光を当て批判し、そこに社会変革の力を見出そうとしてきた。そして、現代社会との緊張感を持っていた。人と人のつながりの弱まり、政治への無関心、社会運動と暴力、自己責任論の台頭、大災害における行政のあり方等々、各研究者が現代を生きる中で経験した矛盾や違和感を背景に、史料を丹念に読み、新しい事実を発見していった。現代社会が抱える矛盾や問題点の発見と批判力が新しい研究を生み出す原動力になっていた。

　こうした過去・現代の矛盾・問題点をあぶり出そうとする歴史学の姿勢は、欠点よりも長所を指摘し、呵られるよりも褒められることを望む現代社会においては、受けないのであろう。外国人観光客が日本を賛辞すること、外国人研究者が日本の歴史を高く評価することに満足し、メディアでも、「ここが変だよ」ではなく、「すごいですね日本」が幅をきかせる。これとは真逆の歴史学は、分が悪い。

　日本の歴史を礼賛しようとしたとき、近代は手強い。近隣諸国からの外圧がかかるし、終着点が日常生活を破綻させた敗戦であったため、日本人にも近代礼賛への違和感は、まだ残っている。他方、江戸時代を礼賛しても外圧は小さいし、多くの日本人も違和感を持ちにくい。褒められたいという人々の欲求に、「江戸礼賛論」は応えてくれる。誇るべき歴史を発見しようとする政府・自治体の教育・観光政策の期待に応えることにもなる。「江戸礼賛論」は、歴史修正主義の一翼を担うメディアの需要があり、それに応えようとすることは、学問の商

品化につながっていく。近代よりも江戸は暴走しやすい。

　こうした外在的問題、換言すれば「外患」もさることながら、「江戸礼賛論」の浮上は歴史学の内在的問題に起因するところも大きい。

　近年、精緻な個別実証が評価され、学ぶ点も多い。他方、個別実証を重んじることで、江戸時代とは何かという全体像を語ることを回避するようになった。自己の関心を持つ分野だけでなく、政治史・社会史・文化史等々を統合したとき、どういう江戸時代像を構築できるのかという関心が弱くなっている。研究者に早急な成果を求める圧力や、多分野への関心を喚起する教養教育の軽視が全体像への関心を後退させているのかもしれない。

　「江戸礼賛論」に共通するのは幕藩領主権力に対する百姓・町人等民衆の信頼感であり、それはテレビカメラで監視されても、マイナンバー制を導入されても、国家権力は間違ったことなどしないし、悪いことをしない自分は守ってもらえるという市民感覚に通じる。そして、江戸時代の全体像を構築するときの柱となる諸研究も、こうした感覚に回収される危険性を孕んでいる。武士は年貢を取り立てる一方で、百姓の生存に責任を持つという「百姓成立」、村役人層による地域管理の仕組みや百姓・町人の訴願力、百姓一揆の非暴力性等々、幕藩領主権力との厳しい緊張関係を自明の前提に立論されていた筈の諸研究は、自明の前提が共有されなくなったとき、あるいは意識的に抜き取られたとき、権力と親和的な「江戸礼賛論」に回収されかねない。百姓・町人等の政治・行政・文化的成長のある局面だけを過大評価すると、切り取りと継ぎ接ぎによって、江戸が総体として優れた時代であったという「江戸礼賛論」をささえる柱になりうる。

　「江戸礼賛論」は、国家権力、そして幕藩領主権力にとって、誠に

些細なことを理由に一人の人間を握りつぶすことなど容易であるという恐怖感が希薄すぎるし、国や社会を批判する愛国心を認めず、褒めあい、過去を礼賛することが愛国心だという時流とも親和的である。現代を批判しているようにみせながら、商品価値を低下させる、越えてはいけない一線は認識しているようにも思える。国家・現代社会に対する批判力の低下と、緊張感の希薄さは、次を担う若い歴史学者にも感じられる。「江戸礼賛論」を成長させる素地はある。

　国・自治体の諸政策に加えて、時代の全体像を語る関心の後退や、国家・現代社会との緊張感の希薄さという歴史学の現状が、蓄積されてきた研究の切り取りと継ぎ接ぎを許し、権力と親和的な「江戸礼賛論」を浮上させた、というのが私の見立てである。「江戸礼賛論」は「内憂外患」の産物であり、人文学不要論が叫ばれる昨今、国民の税金で運営される国立の大学・研究機関では歴史学が生き残る術として奨励されるかもしれない。

　この見立てが正しいか、自信はないが、矛盾と問題点をあぶり出し、現代への関心を失わず、国家権力・現代社会に対して批判力・緊張感を持つという30年以上前、諸先輩たちから教えられた姿勢を持ち続けたい。そして、「内憂外患」に対する責任を自覚したい。

いわき　たくじ。京都大学人文科学研究所。主要業績：①『非正規雇用』武士の叫び」京都大学人文科学研究所『人文』第63号、2016年。②「大塩の乱と能勢騒動で武功をあげた武士——水野正大夫の人生」『大阪春秋』第168号、2017年。③「市制一〇〇周年記念の新「尼崎市史」ってどんな本」尼崎市立地域研究史料館『地域史研究』第117号、2017年。

つなぐ人文学宣言

ホルカ・イリナ

「大学の危機」は良かれ悪しかれ文系学部の危機を指している。そして文系学部を不要とする言説が、裏で文系対理系という構図を浮き彫りにし、それぞれの〈功利性〉に関する古い議論を煽ぎ立てている。そこで、危惧される人文社会科学の終焉を回避するための方法の一つとしては「文理融合型研究」が謳われ、様々な大学において実施されようとしてもいるが、やがて文と理を制度上・言説上、あるいは人工的・強制的に融合させる必要はあるのだろうか？　いやむしろ、文と理がこれまでに分離された形で存在したことはあったのかと、誰もが疑念を抱くだろう。

　私は語学が得意で、運用能力はそれぞれ異なるのだが、中学校以降は順に英語、フランス語、日本語、オランダ語、イタリア語を勉強してきた。また、研究対象に日本の近現代文学を選択し、思想史やメディア研究、ジェンダー理論や翻訳学にも多少手を染めており、「ヒュマニティーズ」の本道を歩いてきたといえよう。その一方で伴侶はというと、ソフトウェア工学の博士号を持つハード・サイエンスのスペシャリストで、コードを書く時彼のコンピューターの画面は私にわからないプログラミングの言語で埋め尽くされている。彼が日頃作っているのは、人を楽しませる携帯ゲームを裏で動かすための基盤である。そうした私たちは、文字通り文と理の融合^{マリアージュ}を体現しているのだが、すべての化学反応の場合もそうであるように、二人の間に摩擦

が生じたり、力関係をめぐる交渉も展開されたりする。が結局のところ、二人に共通している余りに人間的な「物語」への志向や憧憬は、この融合を成功させているのだ。そしてそれは、文学とゲームだから例外的に成立するものだというのではない。文理のすべての分野において必要不可欠なのは、未知や他者への想像力であり、物語を展開させる力であるのだ。

　人文学・人文社会科学のなかでも、学問としての文学はもっとも「ソフト」なものであるように思われ、その立場は実に危うい。誰もが文学を読むことができるし、そして実際に娯楽や教養や現実逃避といった様々な目的で読み楽しんでいる。だとしたら、文学を研究することや文学を教えることは一体何なのか、何のために必要なのか、という疑問が度々頭を過ぎる。通常の読書とは異なる形で文学テクストを消費（解体？）する研究者兼教育者としての自分の存在理由をどこに求めたらいいか、という難問に単答を出すとしたら、次のようなものになるだろう。小説や詩歌をはじめ映画やゲームもプロパガンダの目的で利用され、また若い人たちに及ぼすその悪影響が懸念されることがよくある。それは言い換えれば、物語の人間を動かす力を認定しているということに他ならない。「ポスト真実」の現在において物語の「悪用」が増加しているなか、テクストの構造、表象と事実の問題、言語の仕組みなどをかねてから吟味している文学研究者は、様々な言説を「透かし読む」技法を伝授する、といった重大な責任の一部を背負っていることを再認識すべきであろう。

　2018年は明治維新から150年、母国ルーマニアの独立から140年。第一次世界大戦から100年、またすべてのルーマニアの地方が一つの国

として統一されてからも100年。そして世界中で同時的に噴出した大学「紛争」から50年、ルーマニア社会主義共和国の進路を変えた、ワルシャワ条約に基づいたチェコスロバキア侵略に対するニコラエ・チャウシェスクの「反ソ連圏宣言」からも50年。世界史、日本史、ルーマニア史を区切る出来事が数多く振り返られる2018年において、どんな文学の研究や教育が必要なのか、そして自分にできるのだろうか？

　今までの研究対象は日本の近代文学であったため、常に意識していたのは明治維新のことと第一次世界大戦のことであった。しかし最近は〈ルーツ〉に戻り、ルーマニアの近現代史、とりわけ60年代や70年代の全体主義体制下の文化活動や、共産圏外の国、とりわけ日本との関わりに興味を持つようになった。そこで、自分の今後の課題の一つには、それほど知られていない母国ルーマニアと継母国日本の相互関係から、一枚板ではない「西洋」と「東洋」の遭遇を再検討・相対化し、「世界」の形態を見直すことがある。

　ヨーロッパの大学を卒業した者として、ヨーロッパ的知識や理論の枠組みは私の研究基盤を成しており、ある種のヨーロッパ中心主義に囚われているかもしれない。しかし、ルーマニアの大学を卒業した者としては、ヨーロッパの中心ではなく、その「周縁」に基本的な所属性を求めており、母語ではない英語やフランス語を通して「中心」の文化にアクセスすることが余儀なくされてきた。また、「日本」への最初のアクセスも以上のような言語による学問の枠組みに形作られた。その後、日本語による学問的言説や、その背後に潜んでいる思考様式が付加され、やがて融合していった。このような立場から日本の研究に参加している者こそが、様々な文化や言語をつなぐ特殊な一翼を担

第2章　われわれは何ものなのか

うこととなるだろう。

　国語や国文によって想像される共同体であった近代国家は、印刷技術に支えられ、文学をはじめとするその文化的所産の生成・流通・消費が一つの国境内に留まることが多々あった。しかし今はもはや、新しいメディアを通して結合される共同体において生成・流通・消費される、現代／世界を自由に往来する文学が国境というものを顧みることはない。多言語で越境的な文化的所産は「ニュー・ノーマル」になっている今日この頃だが、そこで自分のもう一つの課題として、例えばマシーン（機械）やクラウド（群衆）の力を借用した翻訳や共同作業による創作、または母語ではない言語で書かれた文学や複数の言語を使用して書かれた文学、それぞれの意義、そして今日の社会において果たすべき役割について考えたいと思う。

HOLCA Irina。ルーマニア出身、京都大学人文科学研究所専任講師。専門は日本近代文学。夏目漱石や森鷗外の小説、『世阿弥秘伝書七部集』をはじめとする日本文化論などのルーマニア語への翻訳や、国内外での研究発表も精力的に行っている。主要業績：①『島崎藤村　ひらかれるテクスト──メディア・他者・ジェンダー』勉誠出版、2018年。② "Insularity and Imperialism: The Borders of the World in the Japanese and Taiwanese *Kokugo* Readers during the Taishō Era" *Japan Forum 28*, 2016. ③「欧米における私小説研究」大浦康介編『日本の文学理論　アンソロジー』水声社、2017年。

人文学からの近代中国経済史

村上 衛

　私の専門は、中国近代の社会経済史である。とはいえ、経済統計・貿易報告だけをまじめに追っかけて「経済史」らしいことをしていたのは学部生までで、大学院に入ってからは、アヘンの貿易、海賊行為、難破船略奪、人身売買あるいは国籍詐称といった、19世紀の中国東南沿海の人々の、「非合法」な行動ばかり研究してきた。これは中国にいたイギリス領事の報告を主たる史料としたために、中国とイギリスの間のトラブルに関する記録ばかり読むことになったためである。こうした個々の研究をまとめていく段階で、どうして中国の沿海をコントロールするのはこれほど難しいのかという疑問が生じ、中国沿海の混乱の原因である中国の人々の行動パターンというものを考えざるを得なくなってきた。

　また、20年前の中国は短期滞在でもいろいろなショックを与えてくれる面白さにあふれていたが、筆者が2000年から2001年にかけて中国に長期滞在した時には、短期間ではわからなかった中国に触れることにより、一層衝撃は大きかった。中国の方の常識がこちらとかなり異なるために、最初のころはそれにあわせることができず、こちらが勝手に中国にやってきた「よそ者」であることを忘れてずいぶんイライラした。しかし、数ヶ月も経って「郷」に慣れてくると、少しずつ合理的な対応ができるようになり、無駄に腹を立てることもなくなった。こうした経験も、やはり中国人の常識を考えさせることになった。

そこでここ10年ほど、中国人、あるいは特に漢民族の多くに共有される、固有の長期的な「制度」というものに着目している。歴史的な「制度」といえば、均田制とか律令制といった政府の手による制度が思い浮かぶかもしれないが、ここでいう「制度」は上述のような人々の行動パターンや常識といった、通常は意識されず、言語化されないものを主たる対象とする。例えば一時期話題になった「爆買い」といったものも、利益めざしてバラバラの人々が押し寄せるような行動パターン、すなわち「制度」の一つとしても理解できる。中国の場合、膨大な人口をかかえた巨大社会であり、そのなかで歴史的に形成されてきた「制度」は、容易に変化せず、中国経済を大きく規定してきた。

　こういった「制度」を30年前に取り上げれば、中国の停滞や遅れの原因を探し求めているとして、厳しい批判を浴びたであろう。事実、戦前の日本人達はこうした発想で「制度」を理解したため、戦後に批判され、「制度」研究は継承されてこなかった。しかし、中国経済の発展が注目されてすでに久しく、現代中国経済のユニークさについての議論も、頻繁に行われるようになってきている。もはや、中国の個性をさがすことはネガティブなことではない。そして、中国の経済発展のあり方に対して、欧米や日本の経済発展のモデルをそのまま適用できないことはすでに明らかである。そこで、近代中国経済についての実証研究を進めていき、「制度」のモデルを抽出することによって、社会科学系との対話を進め、現代中国経済、ひいては現在の中国の個性の理解に寄与したいと考えている。また、この手法を通じて、グローバルヒストリーなどに蔓延する、欧米の経済史から生み出された基準でものごとを理解しようとする経済史から脱却し、あらたな視点を提供することも「制度」研究の狙いの一つである。

97

こうした手法は、中国の多様性を無視した単純化であるという批判もあるかもしれない。確かに、中国は巨大な国家であり、地域的な差は大きい。しかし、個々人の行動パターンが異なる以上、細かく分類をしていけば際限がなくなり、結局は結論らしきものを導けなくなったり、中国の特定の時代・地域を研究している人以外には意味がなくなってしまったりする。それよりも、一定の母集団に適応できるモデルを示した方が生産的であると考える。

　中国経済の「制度」に関して歴史的に探求することは、人文学の長所を生かせる点も魅力的である。歴代の中国王朝は毎年の経済状況、すなわち毎年の収穫高とか、貿易額に応じて課税するシステムではなかった。その結果、中国史では、財政の詳細な記録や貿易統計といった計量分析に利用できる数量データが極めて限られており、使用に耐えうる貿易統計が生まれたのは1860年代以降である。したがって、計量的な比較ができない以上、人文学の文献をベースにした研究が必須となる。「制度」研究の場合は特に、その背景となる政治・社会を考察する必要があり、文献に基づく実証研究は重みを増す。こうした人文学のメリットを意識しつつ、理論的、計量的な分析に長けた社会科学系との対話を進め、「制度」を考えていきたい。

　抽出されてきた中国の「制度」が、はたして中国固有なものか、それともある程度普遍性をもつものなのかを判断するためには、他地域との比較が欠かせない。その際には、日本に中国と朝鮮半島を加えた「東アジア」といった日本中心的な学問的枠組みや、西欧・中国・日本といった旧来の枠組みを乗り越えた比較が必要であろう。「制度」研究においては、世界中のどの地域も比較対象となり、特に対象を限定する必要はない。こうした作業によって、中国の「制度」だけでは

なく、その他の地域の「制度」を位置づけていくことができれば、いっそう望ましい。各地域の「制度」の相互理解が進めば、無用の誤解や摩擦の解消にもつながるであろう。

　もちろん、こうした「制度」の探求や比較の作業は、個人の作業では不可能である。そこで共同研究が重要となる。日本の人文学の強みは各時代・各地域の専門家が偏りはあるものの、相当程度そろっていることであると思う。しかも国土の狭さと交通の発達から、face to face の交流が可能な状況にある。こうした強みを意識的に生かしていくことが望ましい。そのためにも、人文研の共同研究班というものは有効な手段だと考えており、研究班のテーマを「制度」としてこれまで共同研究を進め、班員の方々から多くの示唆をいただいてきた。

　人文学の共同研究において、個人の研究に基づく密度の濃い議論が基本となることは間違いないし、研究班の多くの報告もそうした傾向にある。しかし、今後は比較を目的とした、より視野の広い研究を組み合わせていく方法を模索していきたい。「制度」を探求する旅の目的地は遙か遠くにあり、自らの歩みは遅々たるものだが、あせらず、一歩一歩進めていくことができればと思う。

むらかみ　えい。1973年生まれ。主要業績：①『海の近代中国——福建人の活動とイギリス・清朝』名古屋大学出版会、2013年。②『海洋史上的近代中国——福建人的活動与英国、清朝的因応』（王詩倫訳）社会科学文献出版社、2016年。③『近現代中国における社会経済制度の再編』（編著）京都大学人文科学研究所附属現代中国研究センター、2016年

軍事研究は軍服を着ていない

学術会議声明とわたしたち

井野瀬久美惠

　2017年3月24日、日本学術会議は「軍事的安全保障研究に関する声明」（以下、2017年声明）を発出し、「戦争を目的とする科学研究は絶対に行わない」とした過去の2つの声明——1950年、1967年声明の継承を明言した。「学問の自由」を基盤に、防衛装備庁の安全保障技術研究推進制度に「No！」を突きつけた2017年声明は、軍学共同の実態を見直し、軍事研究に一定の歯止めをかけたと評価、歓迎される一方で、イノベーションにつながる科学・技術研究の進展を阻害するとして批判も浴びている。

　声明発出後、ほどなく始まった2017年度防衛装備庁の募集に対して、大学や研究機関の多くは、学術会議声明を尊重し、所属教員の申請を見送った。だが、その採択結果から見えてきたのは、慢性的な研究費不足と産学連携を媒介に、大学が軍事研究と容易につながってしまう現実であった。

　軍事研究は、秘密を伴うがゆえに科学研究に求められる公開性や透明性とは相いれず、また、「防衛か攻撃か」「軍事か民生か」「基礎か応用か」などのボーダーラインをどこかに引けば解決する問題でもない。ハイテク技術は、戦争という暴力につきものの罪悪感を希釈してくれるかもしれないが、誰も傷つかない戦争などあるはずもない。

　それでも、各大学等研究機関に「入口での検証」を投げかけた2017年声明に対して、大学関係者、研究者らの戸惑いは収まらない。そこ

には、「イノベーションの阻害」という批判以上に、「所属する大学も わたしの研究も軍事とは無関係」とする無関心があるように感じる。 こうした温度差は、昔も今も存在するのだが、そのなかで一歩踏み出 すにはどうすればいいのだろう。

　温度差のなかで――２つの声明案の審議現場

　2017年声明に向かう学術会議で議論の中核を担ったのは、「安全保 障と学術に関する検討委員会」（委員長・杉田敦法政大学教授、2016年 ５月設置、以下検討委員会）であった。委員会設置の直接的契機は、 上記、2015年に始まった防衛装備庁の委託研究制度にあったが、そこ に「学術の軍事化」の端緒を嗅ぎとる者も少なくなかった。

　検討委員会委員であった私は、歴史研究者のサガ、本能であろう、 何はともあれ、過去２回の声明を議論した学術会議総会の速記録に目 を通した。過去の記録が残され、後の世代がそれを読め、検証可能で あることは、科学研究の基本中の基本である。そして、読めば読むほ ど、速記録が伝える1950年、67年の声明案審議の様子は、その67年後、 50年後のわたしの現実、検討委員会の議論に酷似していた。何よりも、 会員の間の温度差の構図がそっくりなのである。

　たとえば、1949年９月のソ連の原爆保有声明、1950年１月の米国大 統領トルーマンの水爆製造命令で加速化する米ソ対立のもと、1950年 声明案の動きは、ストックホルムでの平和擁護世界大会（第３回常任 委員会）の反核平和アピールとほぼ並行していた。反核署名活動 （1950年４月１日～６月30日）の真っ最中であったがゆえに、４月28日 の学術会議総会における温度差――雄弁な物理学系会員（第４部）と 沈黙する工学系会員（第５部）は好対照であっただろう。また、原案

にあった「日本の科学者も戦争の危機を感知せざるを得ない情勢にたち至っている」という文言は、医学系会員（第7部）の「根拠希薄」との発言で削除された。だが、この声明発出のわずか2か月後、1950年6月25日に朝鮮戦争が勃発し、日本でも（有形・無形の）「軍事化」が進んだことを思えば、このタイミングで1950年声明が出せたこと自体、奇跡だったのかもしれない。この奇跡を支えたのが、人文学（当時の第1部・文学）、及び社会科学（第2部・法学、第3部・経済学）会員の多様な発言であった。

　軍事研究をめぐる同じ構図は、日本物理学会主催（日本学術会議後援）の半導体国際会議（1966年9月）への米陸軍極東研究開発局からの資金提供を契機とする2度目の学術会議声明（1967年10月20日）でも認められた。速記録の行間からは、学術会議としての見解をまとめあげる難しさとともに、声明の中身が「中途半端」にならざるをえないことへのもどかしさが滲む。軍事利用されないための積極的なルールやガイドラインを作成すべきとの意見がありながら、踏み込めなかった背景にも、声明案作成に関わった5つの委員会の足並みの乱れ、会員間の温度差が存在した。そのうえ、審議を尽くしたはずの票決では、声明案への反対・保留票が合わせて37％にものぼった。これをどう解釈すればいいのだろうか。

「親切顔」の見きわめ

　1966年9月の国際半導体会議に米陸軍極東研究開発局からの補助金を橋渡ししたとされる茅誠司氏（第4部、学術会議第3期、4期会長）は、この補助の申し出を「あるカクテルパーティで会ったアメリカ人からの親切話」と説明した[1]。2017年声明案を議論する検討委員会で

も、「米軍は資金提供しても、見返りを何も求めないこともある」という発言があったことを思い出す。

そうなのだ。今も昔も、軍事研究は軍服に身を包み、強面でやってくるわけではない。普通の衣服を着て、親切顔で近づいてくるのだ。

それゆえに、問題はその「親切話」の中身をどう想像するかであり、人文学の学知、教養が試される。その意味でも、日本学術会議に創設当初から人文、社会科学系の会員が存在する意味は大きい[2]。

今も昔も、専門分野や経験の違いによって、軍事研究をめぐる温度差は存在する。だからこそ、人文学は発言し、行動しなければならない。ごく普通の服装で近づいてくる「親切顔」の向こうに何があるかを想像するために。その想像を具体的に表現して、社会を、人びとを、鍛えるために——。

＊本稿は、学術会議第一部『ニューズレター』第23期第8号（2017年3月）、第24期第2号（2018年4月）掲載の拙稿をもとにしている。

1）「米軍のカネと日本の頭脳」『朝日ジャーナル』1967年6月4日、22頁。
2）詳細は、拙稿「軍事研究と日本のアカデミズム——学術会議は何を『反省』してきたのか」『世界』2017年2月号、128〜144頁。

いのせ　くみえ。甲南大学文学部教授。主要業績：①『植民地経験のゆくえ——アリス・グリーンのサロンと世紀転換期の大英帝国』人文書院、2004年。②『大英帝国という経験』講談社、2007年：講談社学術文庫、2017年。③『イギリス文化史』（編著）昭和堂、2010年。

分かりえないものに応える人文学

上田和彦

　大学2回生の頃だったか、フランス語の文章を購読する授業に出席していたところ、なにかの折に先生が、「分かるものを読むのは読書ではなく、分からないものを読むのが読書です」、と仰った。先生は実存主義から脱構築まで、つねに最先端のフランス思想を専門として研究してきておられ、それと同時に道元を読まれていた。先生の言葉を聞いて当時の私は、自分がそれまでに知った限られた知識を確認するだけの本を読むのではだめで、自分の知らない考え方や感じ方にふれることによって、自分の偏狭な物の見方を問い直さなければならない、と先生は言いたかったのだろうと思った。先生の言葉に私は感銘し、その時以来、当時の私にとってとりわけ難解であったフランス現代思想の哲学者や思想家の本を、理解できるようになるまでとことん読むように心がけた。

　そんな読書を続けるうちに、はたして、難解な本を理解するだけの読書でいいのだろうかと自問するようになった。というのも、理解するということが、そもそも良いことかと問いかける哲学者や思想家の本を読んだからだ。理解するとは、人であれ物であれ、その人やその物を理にかなった仕方で知る良い方法だとたいていは言われる。しかしながら、理にかなった仕方で、その人の人格なり、その物の本質なりを知ることには、暴力的なところはなにもないのだろうか。理解するということは、唯一存在してしているこの人やこの物を、その単独

第2章　われわれは何ものなのか

な在り方ではなく、ほかの人やほかの物と共通する一般的な在り方で捉えることだ。私たちがなにかを知ろうとする際に頼りとする概念や観念は、様々な在り方をする諸々の存在に当てはまるから役に立つ。概念や観念は私たちが知ろうとする対象の在り方に力を加えるわけではないのだから、知る私たちと知られる対象の間に立つ中立的な光のようなものだと見なされている。的確な概念や観念をとおして諸々の存在を理解するのは、正しい学問だとされてきた。しかしながら、たとえそれが正しくても、この人やこの物が持っている単独のなにかは、理解では捉えられないまま、知それ自体のなかで忘却されてしまいがちだ。なにかを理解できるということは、たしかに人間の優れた能力である。が、それは武器であり、この至高の武器の前では、およそ存在するものはなんであれ、ほとんど抵抗することができないということを心得ていなければならない。

　理解することに伴う暴力は、そもそも、なにかを名付けることから始まっている。「言葉のなかでは、言葉に生を与えてくれたものは死ぬ」（ブランショ）。私が「この男」と言う。するとたちまち驚異的なことが起こる。骨と肉からなるその男は「死に」、「この男」という言葉のなかで意味としてあらたに「生きかえる」。その男はその都度つねに彼が現に存在している時間と場所に釘付けにされている。しかるに、「この男」という言葉は、その男がいる「いま、ここ」から解き放たれて、自由に時空間を移動でき、どんな人のところにも届けられうる。名付けることによってなにかを周りから引き離し、それに意味という不死の生を授けるとは、驚異的な力である。しかし、そんな言葉の力によって、なにものかが死んでいくのである。陽が沈むさいに時々刻々と趣がかわる山の稜線の一瞬の姿は、詩人がどんなに言葉を

彫琢しようとも逃れ去ってしまう。自分が蒙った奇異な経験をどんなに語ろうとしても、誰にも伝えることができないと分かって、息が詰まってしまうことはないか。

とはいえ、書を捨て街へ出よう、と呼びかけたいのではない。言葉が捉えきれないものを街に出て経験する必要はある。しかしそれは、生きているあなたが生きている他の人々と経験を共にできる場合だけだ。死んだ人の経験には絶対に立ち会えない。ナチス・ドイツが作った「絶滅収容所」には、「特別労務班」と呼ばれるユダヤ人たちがいた。彼らはガス室への同胞の誘導、遺品の整理だけでなく、遺体の運搬と焼却、骨の粉砕や隠蔽まで命じられ、一定の期間働かされた後、口封じのため殺されることになっていた。彼らのなかの幾人かは、自分たちが殺されるのを分かって、なにがそこで起こったかを知らせるために覚書を隠し、誰かが発見してくれるのを願った。私たちは、奇跡的に発見された彼らの覚書を読むことができる。原本は失われたものの、残されたポーランド語の翻訳からイディッシュ語に「復元」され、さらにフランス語に訳された「手紙」の一部を、ここであえて日本語に翻訳して紹介する。「親愛なる発見者よ、各区画の地面のいたるところを探しなさい。その下には何十もの文書、私のものと他の人々のものが埋まっていて、ここで起こったことに一筋の光を投じてくれる。地面には沢山の歯が埋められた。私たち、労務班の作業人が、抹殺された何百万もの人間の、手で確かめられる証拠を、世界の人々が見つけることができるように、できるかぎりその土地全体に意図的にばらまいたのだ。私たちといえば、〈解放〉を生きて迎える希望を一切失ってしまっている[1]」。私たちは彼らの覚書をどんなに読んでも、彼らが蒙った経験に立ち会ったことにはならないし、そこでなに

が起こったかを知ったなどとは言えない。しかしそれでも、彼らの言葉を反復して人々に伝え、それによって彼らの願いに応えようとすることは少なくともできる。

発見されるのを待っている言葉は数え切れないほどある。忘却の穴に落ち込んで、再発見されるのを待つ言葉もある。現今の世界にも、応えられるのを待つ言葉がある。日々出会う人々からもつねに言葉は到来する。「私」は他の人が発した言葉を理解することにかまけて、その人そのものを殺していないか。他の人の言葉は、「私を忘れないで下さい」、と呼びかけてくる。だから、忘れてはならない。しかし、それらの言葉を理解することで、知ったと思ってもいけない。他の人の言葉は、それをただただ繰り返して伝えることで、それに応えるほうがよい場合がある。人文学の務めのひとつはそこにある。

1) *Des voix sous la cendre, Manuscrits des Sonderkommandos d'Auschwitz-Birkenau*, Calmann-Lévy/Mémorial de la Shoah, 2005, pp. 71-72.

うえだ　かずひこ。1964年生まれ。主要業績：① 『レヴィナスとブランショ——他者を揺るがす中性的なもの』水声社、2005年。② 「恐怖政治と最高〈存在〉の祭典——政治的なものの宗教と芸術」富永茂樹編『啓蒙の運命』名古屋大学出版会、2011年。③ ブランショ『終わりなき対話』1・2（共訳）筑摩書房、2016・2017年。

現代世界における美術史学の地平

大久保恭子

　元来が目利きの文化から始まり、16世紀ヴァザーリによる画家や彫刻家の個人的逸話を基礎にした美術史学は、歴史主義的視点から過去の事実関係の検証という実証性に価値を置いてきた。そして18世紀ヴィンケルマン以降は芸術作品の自律性や中立的な主体といった近代的認識を念頭に、進化論的発展史という枠組みの中で、単線的あるいは対立的二項をめぐる記述が正統とされてきた。

　美術史学はまた中世に始まる大学制度の中で美学から派生した。カントの言う外部から自律した哲学部は、古典語学を中核とする人文学的教養を身につける場で、美術史学もその一端を担うと理解されてきた。また近代的な国民的理性の現れとしての文化すなわち教養という考え方は、芸術を中立的な媒介項として国民国家に結びつけもした。19世紀以降国民国家のアイデンティティ確立を背景に教養は価値付けられていったのである。

　その中で人文主義的学問としての美術史学はヴァザーリ以来の一貫性を保ち続けてきたが、20世紀中葉にはさすがに行き詰まり、学をめぐる状況は美術史学に内破を求めた。1980年代には近代的認識への反省から隣接諸学との対話が促進され、初めに結論ありきの還元主義が批判を受けることにはなるが、英米圏を中心にニュー・アート・ヒストリーが提唱されるようになった。

　このように美術史学の変遷を振り返ると、1984年にニューヨーク近

代美術館で開催された「20世紀美術におけるプリミティヴィズム」展解説書の邦訳に付された、ルービンと吉田憲司とによる対話に転機を見ることができる。展覧会を開催したニューヨーク近代美術館は、30年代に教養教育に大衆化を導入したアメリカならではの、前衛的で難解なモダン・アートと大衆との乖離を埋めるべく展示による大衆の視覚教育を実践したが、この展覧会の中心人物だったルービンは対話で、モダン・アートと「プリミティヴ・アート」との親縁性を視覚化することで展覧会に一貫性を与え、双方の繋がりを超歴史的で普遍的なものと位置付けた。一方吉田は、この展覧会への文化人類学からの批判、すなわち「プリミティヴ」と呼ぶ側と呼ばれる側の間にある権力関係や歴史的関係を捨象して西洋の価値観を非西洋に押しつけることに対する非難に言及して、ルービンとは別の非西洋造形物の価値付けがあることを示唆した（『20世紀美術におけるプリミティヴィズム』）。

　たとえ美術史学と人類学との間に埋めがたい齟齬があったとしても、この展覧会が、86年の国際美術史学会での、美術史学は中世以降の西洋美術研究のみならず、地球上全ての造形活動に研究対象を広げるという宣言と時期的に一致することは意味深い。80年代は東西冷戦の終結によりイデオロギー対立が消滅し、アメリカニズムとしてその萌芽を第一次世界大戦期に見ることができるグローバリゼーションが起動した時期でもあった。時代はモダンから、進歩に向かう大きな物語が失われたポストモダンへと移行し、代わって世界を覆ったのが新自由主義的市場至上主義である。90年代以降大学に持ち込まれた市場原理は教養教育の価値を根底から覆した。

　国民国家に根ざした教養は意味を失い、多様な全体に対応する新たな基準が求められて、内容や意味の理解より技術の取得に重きが置か

れ、ついには卓説性という空虚な記号が大学の価値基準となった（レディングス『廃墟のなかの大学』）。そこでは市場原理に合致した換金性の高い学問以外は無用と見なされる。しかし学そのものの枠組みと価値を相対的に思考し批判することがなければ制度自壊が待ち受けている。この批判する力を培ったのが人文学的教養だった。教養部が大学から消えた現在、文化に結びついた美術史学の未来は暗澹たるものでしかないのだろうか。

　美術史学の対象が「美術」に限定された近代的意識から距離を取り、かつて「民族芸術」と呼ばれた作品群を含む全地球上の造形活動すなわちイメージに拡大したのち、2000年前後から語られた「世界美術史」にその未来を託す可能性は検討の余地がある。ただしそれが植民地主義に始まる西欧中心の専横的な世界観の枠組みに留まるのであれば、その陥穽に気を付けなければならない。あるいはベルティングが提唱した、学際的総合研究を志向する「イメージ人類学」にこれからの道を見ることもあり得る（加藤哲弘『美術史学の系譜』）。

　いずれにせよ造形物は特定の時空で制作されるのだから、その時点で起こったことを歴史主義的に検証する作業は今度も美術史学を根底で支え続けるだろうし、その実証性の価値は保たれるに違いない。ただ一方で造形物はモノとして作られた特定の時空を越える。ベンヤミンが語ったように、我々は昔と今が出会う場で時間的な重層決定を経て現在に寄り添うイメージに出会い続けている。ここにディディ＝ユベルマンのアナクロニズム的美術史学が提示される余地がある（『時間の前で』）。

　これからの美術史学のありようを考える時、西欧古典古代とキリスト教の理念を内包し特定の方向性を持つ「美」という価値基準を発展

的に解体し、パラダイム転換を呼び込む必要があると思われる。新たに想定できる価値基準として、フリードバーグが言う「力」（*The Power of Images*）が、あるいはジェルの「エージェンシー」（*Art and Agency*）が有意かもしれない。2014年に国立新美術館と国立民族学博物館との協働で開かれた「イメージの力」展は、新しい方向を展示において視覚化した。世界各地の民族が生み出したイメージを美術館と博物館とで巡回展示した時、それらは美術作品と標本資料との境界を越え、イメージの力を根源的に多層で領域侵犯的なものとして理解することを可能にしたと言える。

　この視点に立つなら美術史学は人類学との距離を縮め、西欧のローカルな「普遍」を脱して、全地球的な多元的普遍を臨む地平に立つことができるのではないだろうか。そしてこうした発想は、人文学的教養を育む場としての存在理由を失った大学に再び批判力を呼び戻す力ともなり得るのではないか。そうすればデリダが言うように、大学は、国民国家を越えあらゆる限定条件を棄却した普遍に触れることができる（『条件なき大学』）。もはや我々は統合された結論に囚われる必要はないのだろう。我々が接すべきは本質的にハイブリッドなイメージであり、我々が向かうべきは対話が生み出す統合と離反を繰り返しつつダイナミックに生成され続ける「真理」ではないだろうか。

おおくぼ　きょうこ。京都橘大学教授。主要業績：①：『〈プリミティヴィスム〉と〈プリミティヴィスム〉——文化の境界をめぐるダイナミズム』三元社、2009年。②『アンリ・マティス『ジャズ』再考』三元社、2016年。③『西洋近代の都市と芸術8』（共著・山口惠里子編）竹林舎、2014年。

20世紀美術史からみた〈人文学〉の可能性

河本真理

> 「秩序＝無秩序、私＝非・私、肯定＝否定
> ——絶対的芸術の至高の光輝」
> トリスタン・ツァラ「ダダ宣言一九一八」

　私たちは、第一次世界大戦を、私たちが生きている「現代／世界」の基本的な枠組みを作り出した出来事——すなわち「現代の起点」——とする見方を提示してきた。実は、現在の美術史学の基礎を作ったスイスの美術史家ハインリヒ・ヴェルフリンの主著『美術史の基礎概念——近世美術における様式発展の問題』が刊行されたのは、まさに第一次大戦中の1915年のことである。ヴェルフリンは、ルネサンス（古典主義）とバロックの様式を対比させ、美術史における主要な方法論の一つである様式論を確立した。美術史の重要な方法論の「起点」の一つは、「現代／世界」の「起点」と奇しくも同時期なのである。

　他方、同じく第一次大戦時のスイスでは、逆説的にヴェルフリンの様式論に当てはまらない芸術運動が起こった。ダダである。トリスタン・ツァラをはじめとする亡命芸術家たちによって始められたダダは、第一次大戦を近代合理主義の破綻した結果と批判し、戦争の基となった社会やその芸術の既成の考え・あり方を否定するに当たって、一つの様式という括りに回収されることなく、むしろ複数の「戦略」——抽象、コラージュ、（フォト）モンタージュ、レディメイド、偶然など——に訴えた。冒頭のエピグラフに一部を掲げたツァラの「ダダ宣

言」は、ちょうど100年前に書かれたものだが、秩序と無秩序、私と非・私、肯定と否定とが、相互に転化するような「絶えざる矛盾」（同宣言）にある状態を見事に言い表している。

このように、「絶えざる矛盾」を孕んだ第一次大戦期は、「現代／世界」と「美術史学（様式論）」の「起点」となると同時に、その様式論では定義できない最初の「芸術運動」の勃興を見た。20世紀美術史を研究してきた私にとっても、この時代は「起点」であり、常に立ち返るべき「道標」である。折しも「ダダ宣言」から100年経った今、美術史は、そして人文学はいかにして可能なのか、現在の日本の大学の状況とも絡めながら、改めて考えてみたい。

*

ツァラは、「ダダ宣言」の中で、美術作品の有用性を否定する一方、広告や事業にも詩的な要素を認めた。アドルノが、自律化した「芸術は社会と対立する態度を取ることによって社会的なものとなる」（『美の理論』）という逆説を説いたように、特に近代以降、美術と社会的有用性の関係は、常に議論の的となってきたのである。その一筋縄ではいかない錯綜した関係は、美術史という人文学と社会的有用性の関係にも反映される。しかしながら、大学の「職業教育化」や国立大学法人の文系学部不要論が叫ばれる今日の日本では、直接的かつ即時に、技術に転用・応用できるか、あるいは経済効果を生み出せるかが、社会的有用性を計る基準となり、社会的有用性そのものが矮小化されているきらいがある。皮肉にも「ダダ宣言」と同年に出された「大学令」以降、日本でこうした実学重視・偏重の「反ダダ的」ともいえる流れが続く中で、とりわけ美術史は困難な状況に置かれている。それ

は、そもそも美術が社会の余剰や趣味のように扱われているということがあろう。実際はその逆で、美術や文化こそが社会を構築しているのだが。そのうえ、美術史という学問そのものが、感性的なものと知性的なものをいかに総合していくのかという難問（アポリア）を抱えている。感性的なものは、定量化が不可能で、資料のみで裏付けることができないため、美術史は歴史学においても哲学においても特異な位置づけとならざるを得ないのだ。また、理論と実践が必ずしも噛み合うとは限らず、乖離することもしばしばである。

　1970年代以降、美術史においても、構造主義・ポスト構造主義・言語学・記号学・社会学・精神分析学・フェミニズム・ポストコロニアリズムなどのアプローチを取り入れた「ニュー・アート・ヒストリー」と呼ばれる潮流が英米圏で現れ、80年代に盛んになった（対象を視覚文化全般に広げる場合は、カルチュラル・スタディーズと呼ばれる）。こうした新潮流は、90年代に日本にも本格的に紹介された。「ニュー・アート・ヒストリー」は、多くの成果を生み出し、既存の見方を問い直す一方、フランスの現代思想に依拠しすぎており、援用の仕方が哲学的に整理されていなかったり、まず理論的フレームを組み立ててから、それを対象に適用しようとするため、結論ありきでややもすると強引との批判がないわけではない。「ニュー・アート・ヒストリー」が概ね言語をモデルとする「言語論的転回」の影響下にあったのに対し、90年代の英米・独語圏では、むしろ図像をモデルとする「画像的転回（pictorial turn）」「イコン的転回（iconic turn）」を唱える研究者も現れた。これにともなって、近年イメージ論の隆盛が見られ、方法論は百家争鳴の状況にある。

　私自身は、「コラージュ」と「戦争」という二つの軸から、20世紀

美術史を研究してきた。それまでの世界観を表す遠近法に代わって、「新しいものの見方を教える」コラージュが（少なくとも西洋美術史の文脈において）登場したのは、まさに第一次大戦の直前であり、「現代／世界」の誕生と軌を一にしていたのだ。コラージュは、美術だけではなく、他のどの分野にも適用可能で、私たちがパソコンやスマートフォンで日常的に使う「カット＆ペースト（切り貼り）」も、糊を使わない非物質化したコラージュといえる。このように、コラージュは美術の分野から発しながら、それを超える幅広い射程を持っているため、美術史を包括した人文学への道を開く可能性を秘めている。

　そうした研究を進めるに当たって、大きなパースペクティヴを欠いた重箱の隅をつつくような実証主義的な研究にも、その逆に現実の作品に何ら呼応しない空虚な理論操作にも陥ることなく、具体的な作品の分析と理論的パースペクティヴを、いかに相互に関連づけていくかが、常に問われよう。現実の作品を対象としている以上、理論に合致しない「絶えざる矛盾」に突き当たるのは避けられないが、それをあらかじめ排除するのではなく、それに向き合い、むしろそうした「裂け目」にこそダイナミズムを見出すこと。美術史からみた人文学の可能性はそこにある。

こうもと　まり。主要業績：①『切断の時代──20世紀におけるコラージュの美学と歴史』ブリュッケ、2007年。②『葛藤する形態──第一次世界大戦と美術』人文書院、2011年。③「モダン・アートの〈参戦〉と〈擬装〉──美術／軍事／イデオロギー」『現代の起点　第一次世界大戦　第3巻　精神の変容』（共著・岡田暁生ほか編）岩波書店、2014年。

不穏な物語とともに考えること

酒井朋子

　大学にはじめて学生として籍を置いてから20年、研究をみずから行うことを志して15年になる。研究者として確立した自信は全くないが、ある程度の時間だけは重ねた。この間、わたしの研究は何かしらの形で「物語とは何か」を考えることに関わってきたように思う。具体的な研究対象は、主にイギリス領北アイルランドの長期紛争の体験と記憶だった。日本の政治社会状況とはさして関わりない、遠い世界で起きた政治紛争であり民族紛争であったが、そのはるかな土地で暴力の時代を数十年間生きた一般人の物語に、わたしは関心を持った。

　それはたとえば、おじが住民暴動に巻き込まれて命を落とし、ほどなくして弟が路上で軍に撃たれて死亡したその数年後、二人の死の心痛を克服できず苦しみ続けた母親が、家族の夕食の準備をする間に台所の椅子に腰掛け、そのまま急死する、という物語である。そして語り手である娘にとっては、この母親の死が「家族」の決定的な喪失を意味していたのだった。次のような物語もある。幼い頃に1度、その後成人してから短期間に2度、焼き討ちのために家を追われた女性が、4つ目の家では、家具も絨毯も買わずに20年以上を過ごす。自分と家族が安心して体を休めるプライベートな場所として住まいを整えていくためには、「その家族と物理的空間としての住まいが大きく形を変えず存続する」という無意識の信頼がなければならない。女性は、3度の焼き討ちによってその信頼を失っていたのである。

第2章　われわれは何ものなのか

　これら生活感あふれる、しかし不穏なイメージは、長きにわたって
わたしの普段の生活の中に生きつづけている。料理をし、子どもと食
事をとるその時に、台所の椅子で亡くなった「紛争の死者」を思い出
す。家のために何かを入手しようかと考えるたび、自身もまた暮らし
の場を突如失うことがあるかもしれないと思うようになった。わたし
がアイルランドで聞いた物語は、衣食住に関わる生活レベルの想像力
喚起を通じて、わたしの日常に侵入してきたのである。

　ひと昔前、「物語」が「権力的言説」と同じような意味でよく用い
られたことがあった。たしかに物語として何かを語ることはすなわち
力の行使である。まずそれは想像力と構成力の行使である。往往にし
て、特権的な立場や認識による物語要素の取捨選択によって、他の者
を沈黙させる暴力の行使でもありうる。だとしても、物語を語ること
がすなわち暴力であり、いかなる物語も抑圧のための道具・装置であ
ると仄めかすような態度は非生産的だ。『時間と物語』の中でP・リ
クールは、時間は物語としての形をとるときに、あるいは物語的想像
力を通じてはじめて人間的な時間となる、と論じた。言い換えれば、
物語とは、それなしでは時間のなかで生きる人間存在を捉えられない
ようなものなのである。

　また、人の語りに耳を傾け、その語りとともに感じ・考えることが、
畢竟、自身の帰属の強化や追認になるとは限らない。性、階級、民族、
人種、その他いずれの社会的属性が重ならなくとも、他者の物語が自
身のどこかとチャネリングすることはありうる。物語は「〜のような
経験」をミメーティックに描き出す。それが描く対象は、具体的な何
かとしてはつねに示しえず、影としてしか認識できない。そうである
がゆえに、物語によって描かれる経験は、個々の物語が不可避的に有

117

する性質である虚構性の「切り目をひらき」、異なる社会属性を持ち、異なる時代に生き、異なる政治経験をしているはずの現実の誰かの生を揺るがすことがある。

さて、物語（ストーリー／ナラティブ）は少し前に社会的な流行り言葉ともなり、現在も福祉、医療、教育など多くの領域で、プログラムとして取り入れられている。近年は「ナラティブ・マーケティング」なるビジネスも喧伝される。ゲームなど娯楽業界、あるいは商品販売において、企業がプロットや素材を提供し消費者自身に（時には自分を主人公として）物語を作らせ、そうしてできた物語を、企業自身の広報素材として取り入れていく、というものである。従来一方的な「聞き手」であった立場の人間が、みずから選択し行動することで物語の一部をなすようになる——この戦略は、大学教員であれば誰しも耳にするアクティブ・ラーニングをも彷彿とさせる。

言うまでもなく、マーケティングで利用されるナラティブ概念が下敷きにするのは、「物語」の利用主義的な理解だ。「消費者が自分だけの物語を作りだす」といえば聞こえがいいが、その実は、定型的なプロットを消費者が微修正のうえでなぞっていくだけであろう。ナラティブ・マーケティングの目的は、商品に対する感情的結びつきを消費者の間に作り出すことによる売上拡大であって、それ以上ではない。アクティブ・ラーニングが同様のものにならないよう、「大学教育」に携わる者は注意してかかる必要がある。

文芸批評家F・カーモードは、『秘儀の誕生』のなかで、ある種の物語の力は物事を解明するどころかむしろその理解を困難にし、意味ではなく謎を作り出すことにある、と論じた。この種の物語こそ、わたしたちの人生のまだ語られない話と「隠れた共犯性」をもつのでは

ないかと、リクールは書く。物語の力への考察は、理解しがたい経験とともに考えていくためにどうすればいいのかを模索する中で必要となるものだ。

　たとえばそれは、大学における多様性とは何なのかを考えることにもつながる。留学生、社会人学生、あるいは障害をもつ学生を財源確保目的で誘致しようとする意図が、多様性への敬意を生み出すことはない。見た目の差異によって学生をカテゴリー化し、それぞれにあったマーケティング方法を検討する方向性は、他者から学ぼうとする姿勢とは別種のものである。だが、多様な出身背景をもつ学生・教職員、およびさまざまな世代の学生が増えたとき、結果として大学という場の知の可能性は広がる。おたがいのふれあいの中で、社会や世界の成り立ちについて、そして自分がよって立つ足場について問いなおす機会は増えていくだろう。その問いなおしとは、本来的に、各々にとって不穏で不快なものでもあるはずだ。時には「教える側」の基盤が崩れるような危うさをどう受け止め、その不穏さ・不快さから生じる可能性について伝えていけるかは、場のコーディネーターないし狂言回しとしての教員の能力次第である。

さかい　ともこ。専門分野は、社会人類学。主要業績：①『記憶風景を縫う──チリのアルピジェラと災禍の表現』（共編著）「記憶風景を縫う」実行委員会、2017年。②『紛争という日常──北アイルランドにおける記憶と語りの民族誌』人文書院、2015年。③Narrating Memory and Troubled Lives in Northern Ireland.（Unpublished Ph. D. thesis, University of Bristol, 2010）

「アジアびと」は人文学で育つ

早瀬晋三

　第一次世界大戦の戦後処理のなかで、1920年1月10日国際連盟が45カ国で発足した。以後、国際条約の締結をもって、あまたの機関が誕生して秩序を保ってきた。国家間の議論は英語でおこなわれ、欧米で近代に発展した社会科学を学んだ者が中心となって国際会議は運営された。したがって、国際社会に必要な人材は、英語で社会科学を中心にして育成されると、当然のように思われるようになった。わたしの所属するアジア太平洋研究科も、1998年の設立以来、学生は日本語か英語のどちらかで社会科学を中心に学ぶ教育で、国際社会で活躍する人材を世に出してきた。

　だが、設立20年にして、疑問に思わざるをえない状況になってきた。アジア太平洋研究科は学部をもたない独立大学院で、2017年度の修士課程学生の82%が外国人、その出身国の内訳は中国42%、台湾7%、タイ5%、韓国5%、カナダ4%、ベトナム3%、アフガニスタン3%、インドネシア3%、ドイツ3%、……となっている。博士課程は70%が外国人で、中国26%、タイ16%、インドネシア11%、韓国9%、ベトナム7%、アメリカ5%、ドイツ3%、フィリピン3%、……となっている。問題は、東南アジアからの学生のほとんどが英語履修者で、日本語履修者がほとんどいなくなったことである。中国、台湾、韓国からの学生も英語履修者が多くなり、修士課程の日本語履修者は2017年9月入学75人中13人、2018年4月入学65人中27人で、3割もいない。

社会科学は、制度の発達した陸域の温帯の定着農耕民社会の成人男性を中心とした欧米で近代に発展した。日本、中国などの北東アジア諸国・地域でも、欧米の制度をモデルとして近代化した。しかし、海域の熱帯の流動性の激しい海洋民社会の女性の役割が比較的大きい東南アジアでは、近代化にさいしても制度化を徹底せず、曖昧さを残した。2015年末に成立を宣言した ASEAN 共同体でも、非公式対話を重視する ASEAN Way（ASEAN 方式）を尊重し、人間中心の思いやりのある地域協力機構をめざし、EU（ヨーロッパ連合）とはかなり違うものになっている。その意味するところは、排他的な陸域社会と開放的な海域社会の違いだけでなく、近代国民国家を基本とした時代とグローバル化時代の違いでもある。

　2度の世界大戦を経験した近代は、国家間の戦争の時代でもあった。その後の冷戦時代も、国家間の対立を軸とした。だが、2001年9月11日のアメリカ同時多発テロで、アメリカは戦うべき国家がわからなかった。ソマリア沖やマラッカ海峡に出没した海賊は、国家を後ろ盾にしていなかった。国家間の秩序だけでは、対処できない事態が起きてきた。換言すれば、ものごとを単純化合理化した社会科学の知識をもって国家間で条約を結んで問題の解決をはかる手法が使えなくなった。

　フィリピン南部ミンダナオ島では、イスラーム教徒とキリスト教徒との「宗教対立」が半世紀も続いている。日本政府もかかわって、平和へのプロセスを模索している。だが、イスラーム教徒とキリスト教徒がともに居住する地域で調査をおこなった吉澤あすなは、両者の「対立が深まった」面があると警告している（『消えない差異と生きる——南部フィリピンのイスラームとキリスト教』風響社、2017年）。この

地域には、父親と母親が別の宗教を信じ、その両方から「祝福されている」ハーフ（ダブル？）がいるというのだ。それを教義上ありえないことから、どちらか一方だけの集団に属していると判断されると、ハーフは日常生活が成り立たず混乱してしまう。フィリピンでは、近親者、極親しい友人・知人に宗教の違う者がいることは珍しいことではない。たとえば、ドゥテルテ大統領の場合、子どもたちのなかにイスラーム教徒と結婚した者がおり、孫の半数はイスラーム教徒である。日本でも仏教など世界宗教と神道などの民族宗教は併存して、人びとは教義に束縛されない日常生活をおくる場合がある。世界宗教でも、教義より地域社会を優先させる信仰が根づいているところがある。教義上ありえないとされる社会科学的知識のうえに、その地域社会のコンテキストで考える地域研究の知識が必要となってくる。

　また、近年、性別などがはっきりしない性的マイノリティが、社会的に認められるようになってきている。男であるか女であるか二者択一を迫ったり、第三の性としてまとめられたりすると、日常生活がおくれなくなる。国民や信徒を守ることより、思いやりをもって人間中心に考える人民主権の考えが必要になっている。

　明治維新後、アジアで真っ先に近代化に適応した日本には、中国、朝鮮、ベトナムなどから多くの留学生が来て、日本語で日本の近代化、文化・思想などを学んだ。日本人も漢文を通して中国哲学・思想などを学んだ。アジアのことばで人文学を学んだからこそ、その背景を知ることができ、より互いを知るようになった。「アジアびと」の誕生である。

　では、今日、英語で社会科学を学んで、「アジアびと」は育つであろうか。グローバル化時代に必要な人材は、世界的規模だけでなく近

隣諸国を含めた地域の政治的安定と経済的発展などの秩序と繁栄に貢献することを考えねばならない。国家間の条約を英語で交わす前に、非公式の対話をそれぞれのアジアのことばでおこなうことによって、その理解は深まる。とくに、近年東アジアといった場合、漢字・儒教文化圏の北東アジアだけでなく、海域社会に属する東南アジアをも含めて「東アジア地域」と考えるようになってきている。ヒト、モノ、情報などの流動性が激しくなってきているグローバル社会は、海域社会との共通点も多い。陸域の温帯の定着農耕民社会を基層に欧米で近代に発展した社会科学だけではなく、グローバル化時代にふさわしい人文学をアジアで模索する時代になっている。そのためには、英語だけでなく、アジアのことばで早くから学べる教育環境を整える必要がある。その前に、まず母国語で読み書き考える「人文力」を身につけなければならない。

2008年にはじまった「日経TEST」は、「かかわる業種や地域が広がるほど必要となる経済知識　知識を実際の仕事に活かす考える力　2つを総合した「ビジネスの基礎力」を客観的に測り、診断するテスト」である。同様の「人文力テスト」をつくり受験を義務づけると、学生が本を読むようになり「人文力」アップにつながるのだが……。

はやせ　しんぞう。早稲田大学アジア太平洋研究科。1955年生まれ。主要業績：①『海域イスラーム社会の歴史──ミンダナオ・エスノヒストリー』岩波書店、2003年。②『マンダラ国家から国民国家へ──東南アジア史のなかの第一次世界大戦』人文書院、2012年。③『グローバル化する靖国問題──東南アジアからの問い』岩波書店、2018年。

国家と歴史の社会学に向けて

朴 沙羅

　これまでの私の研究テーマは戦後すぐに朝鮮半島から日本へ非正規に入国してきた人々の経験と法的地位を明らかにするものだった

　具体的にはなぜその人々が移住しようと思うに至ったのか、実際にはどのように移住し、その後どのような問題に直面し、どうやってそれらを解決してきたのかといった事柄をインタビューし関連する文書を集め、何があったのかを再構成するというやり方をとってきた。

　このような調査を通じて私が知りたかったのは「国家は具体的にいかにして日々、再生産されているのか」「国家に属するとは何をすることなのか」「誰かが国家に属している／いないとき、それはどのような手続きによって成立し、その手続きを成立させているのはいかなる知識・規範、日常的推論なのか」ということだ。

　私は国家という仕組みが不思議でならない。国家や民族という、一見すると巨大で抽象的に見える集団も、ごく普通の人々の対面的なやりとりや、それ自体は瑣末に見える文書のやりとりによって日々成り立っている。その成り立ち方を明らかにしたい。だから私はこれまで移住する人々の調査をしてきたし、今後は例えば国籍を複数持っていたり、持とうとしていたりする人々の調査をするだろう。

　私が関心を持っていることはもう一つある。私たちは、過去の事実をなぜそうとわかるのかということだ。書かれたものであれ、話されたものであれ、過去に関する記述を、いつ私たちは「正しい」あるい

第2章　われわれは何ものなのか

は「間違っている」と思うのだろうか。過去に起きた無数の事柄の中で、何がいかにして歴史となるのだろうか。過去に何があったのかだけでなく、なぜ私たちは歴史的な事実をそれとしてわかるのかを知りたい。過去に起きた無数の事柄の中で、何がいかにして歴史となるのか。これは歴史学にとって重要な問いであるにもかかわらず、おそらく歴史学によっては答えられない問いではないだろうか。

そういう理由もあって、私はオーラルヒストリーという方法をとっている。「過去に何があったのか」「この人は過去に何があったと考えているのか」「この人がこのように過去の体験を述べるのはなぜなのか」「過去に何があったと、どのように伝えようとしているのか」――目の前で誰かに過去の歴史を語ってもらうとこのような問いへの答えがわかるかもしれない。何より私は個人の中に隠れていて、こちらの問いに答えて語られる歴史が好きだ。

もちろん文献資料も使う。行政は大量に文書を作り、残す（と考えられている）。だから、何かの法令について調べるときは、法令の条文・施行細則、例規といったものも利用する。個人の日記や手紙も必要があればもちろん使うだろう。その時でも資料を見ながら検討することは同じだ。話されていること、書かれていることが成立するための条件は何かだ。

「ステークホルダーに対して教育研究の社会的還元をいかに行うか」と問われることがある。大学での教育は、論理的な思考や先行研究の検討の仕方、適切な批判の仕方とその受け入れ方といった、研究を続けていくために不可欠な技術を教えることによって、現代世界で毅然

と生きていける学生を育てるために行っているつもりだ。

　非常勤講師として努めてきたときも含め、これまでそれなりに多様な大学で、多様な学生に講義を行ってきたが、いかなる授業であっても、またどのような学生に対してであっても、それが自分の研究に資さなかったことはない。同じように、いかなる授業をどのような学生に対して行うときも、学術的な水準を落とさず学生に資するところが幾ばくかでもあるように努めている。

　私は教育の場において、自分のいわゆる「政治的」な意見は一切、述べないように心がけている。その代わり、学問的な手続きを学び実践できるようにすることを目標にしている。

　「南京大虐殺はなかった」「慰安婦は売春婦だった」「映画館のレディースデイは男性差別だ」といった文をコメントシートで見かけることは珍しくない。その時には、その考えを否定することなく、その考えに至ったのとは違う手続きがあることを示すようにしている。例えば南京大虐殺や慰安婦問題であれば、それについて書かれた論文をどうやって見つければいいか、それらの論文はいかなるデータに基づいて書かれたのか示す。映画館のレディースデイであれば、日本における男女の生涯年収を比較したデータを与える。このように対応した後でもなお疑問や質問があれば対応すると表明しているが、今のところ重ねて質問してきた例はない。

　人文学や社会科学は、今すぐに金銭に変換可能で目に見えるような「社会的還元」を行うのは難しいかもしれない。けれども、具体的な技能を運用可能にするための知識や、その知識を身につけるための方策は、人文学や社会学でも十分に身につけさせることができる。「世界に通用」するために必要なのは、語学やプログラミングといった個

別具体的な技能よりも、人間であるというだけで誰でも平等に人権を持っており、国家はそれを守るために存在するのだという認識の方ではないだろうか。

　学問に携わるのは政治的な営みだ。学問は金銭と権力とは別の論理によって動く世界があることを教えてくれる。だから、その世界が存在すること自体が、時に極めて政治的になってしまう。私は、研究や学問そのものの持つ性質——属性にかかわらず、誰でもその方法を学びその営みに携わることができる——の正義を信じている。その方法を教えることを通じて、普遍的人権を守り、広げていくための、ごくわずかな一助になれれば、研究と教育に携わる人間として、これ以上の喜びがあるだろうか。

ぱく　さら。神戸大学国際文化学研究科。主要業績：①『家の歴史を書く』筑摩書房、2018年。②『外国人をつくりだす——戦後日本における「密航」と入国管理制度の運用』ナカニシヤ出版、2017年。③『最強の社会調査入門——これから質的調査をはじめる人のために』（共編著）ナカニシヤ出版、2016年（http://maedat.com/works/saikyo.html）

大学で人文学を教えるということ

ヒロミ・ミズノ

　私の在住しているアメリカ合衆国では、人文学への風当たりは非常に強い。歴史や哲学を大学で専攻しても職にありつけないという認識からだ。わざわざアメリカに留学してくる多くのアジアからの学部生にとってもこれは深刻な問題で、本当は文学や歴史がしたいのに、資金源である親の意向でエンジニアを専攻しなくてはならなくて辛いと、私のオフィスで涙を流されたことが何度もある。社会中が STEM（Science, Technology, Engineering, Mathematics）教育推奨に沸いている。アメリカでは小中学レヴェルでの女の子のための STEM など大人気だ。こういうプログラムは、今現在女の子を育てているフェミニストママとして私も大賛成だが、だからといって人文学を侮られても困る。

　そもそも大学自体の意義が疑問視されている。これは日本でも同じだろう。大学令が公布された100年前と違い、今では過半数の日本人が大学レベルへ進学する。日本と比べるとアメリカでは大学の学位保持者は全人口の１／３と低いが、それでも史上最高値だ。とはいえ、授業料はうなぎ上り。州立大学の授業料は、過去20年間で200倍近くも値上がりした。私立大学も同じだ。薄給な州立大学准教授の私など、自分の子どもの大学教育を諦めざるをえなくなる。アメリカの大学生の70％以上が学生ローンに悩まされているという。これだけ払って、ローンまでして、卒業後に仕事がないとなれば、何のための大学なのかという疑問が起こる。いわゆるミレニアム世代とその親が、大学に

第 2 章　われわれは何ものなのか

実利を求めてしまう気持ちも理解はできる。

　彼らは必ずしも金儲けを狙っているのではない。アメリカの大学で近年人気の高い専攻が環境学だというのはその裏付けになるだろう。農学に伝統的に強いミネソタ大学では、持続可能な農業、環境に優しい海外農業技術協力などに熱心に取り組んでいる。農業大国のアメリカ（ミネソタはそのハートランドともいえる中西部に位置する）では、産業化されてしまった農業への危機感は非常に高くそして身近なもので、人道的探究心の高い学生は真面目に環境問題に貢献したいと思っている。

　2050年には90億を超えるとされている世界人口の食料を確保しなければならない！　モンサント等のアグリビジネス会社、国連、様々な慈善事業団体などによって警鐘が鳴らされ、若者に向かって、「イノヴェーション・インベンション」を合言葉にコンテストを開き奨学金を設ける。新しい技術で人類の危機を救うのだ！

　ここには「緑の革命」の失敗から学んだ跡など何もない。過去50年の経験から、現代における飢餓は富の分配や他の社会・政治問題から生じるものだということを学んだはずではなかったか。もし遺伝子組み換えで生まれた最良品種が世界の飢餓を救えるのなら、なぜインドや各国で農業に携わる人々の自殺が増えるのか。技術だけで解決できる社会問題などなく、技術革新にこだわることが社会問題をさらに悪化させている事実になぜ目をそむけるのか。

　技術を生かして世界を改善したいと思う大学生の熱い想いを、私はよく理解しているつもりだ。実際そういう学生を教えてきているからだ。彼女たち／彼らの真摯な熱意に応えるには、技術やイノベーションで世界を救うことができるという虚実を売るのではなく、社会・政

129

治問題は社会・政治を理解しないと対処できない問題として対面しなければいけないという、一見明らかではあるが我々が今まで何度も見過ごしてきた現実を、毎年大学に入ってくる学生達に飽きることなく教えることだと思う。

　アメリカでは大学へのビジネスモデル導入がどんどん進んでいる。全米の1/4以上の大学総長が、教育関係出身ではないMBA保持者だと言われている。州政府や連邦政府からの予算削減の中で、いかに学生を集めるためのプロファイルを強化するかが問題になる。学生は授業料を運んでくるドル箱であり、どうやって学生と親にアピールするかが大学運営の要になったりする。このような動きは日本では少子化による大学間の競争というふうに報道されるが、アメリカは少子化問題が唯一深刻でない先進国である。アメリカでは大学運営費の膨張、州政府からの予算の縮小（ほとんどの州立大学は、予算源から言えば私立のようなものだ）、そして科学やバイオ系の設備にかかる費用の増加などがビジネスモデル導入の必要理由としてあげられる。

　いわゆるビジネスモデルの弊害は、単に実利主義というだけではなく、何をもって「利」とするかにある。そして具体的な功利の数値を短期間で上げないといけないところだ。4〜5年サイクルでいち大学の世界的な存在意義を数値で表すことができるはずのないこと、その意味さえないことは、平常心のある社会人ならわかるはずだ。価値観の違いといえば簡単だが、何をもって大学教育の価値を数に表すか、ということだ。私の子ども達の世代には、いわゆる持続可能な農業のための新技術のパテントの数ではなく、世界における貧富の差を"解消"するソフトウエアーの数でもなく、いわゆる世界の危機というもののほとんどは実は社会・政治問題であり社会政治を理解しないと解

決には結びつかないという理解そのものをして、大学における人文学の意義だと理解してほしいと切に願う。

Hiromi Mizuno。ミネソタ大学歴史学部准教授。主要業績：① *Engineering Asia : Technology, Colonial Development, and the Cold War Order*（London : Bloomsbury Publisher, 2018）, eds. Hiromi Mizuno, Aaron S. Moore, and John DiMoia. ② "Rasa Island : What Industrialization To Remember and Forget," *The Asia-Pacific Journal* 15, no. 2（January 2017）. ③「押し上げてもらう雁」『現代思想』2015年8月. ④ *Science for the Empire : Scientific Nationalism in Modern Japan*（Stanford University Press, 2009）.

「今」を知り「未来」を考えるための人文学
近代香港と公衆衛生という視点から

小堀慎悟

　「文学部ってどんなことをやっているの？」これは、私が研究者を志して大学に進学して以来、高校や大学で出会った友人たち、あるいはバイト先の同僚など大学とは関係のないところで知り合った人たちから必ずと言ってよいほどされてきた質問です。もしかすると、これを読んでいる皆さんもこういった質問をしたり、あるいはされたりといった経験があるのではないでしょうか。文学部で学ぶことのできる学問、それこそが、この本のタイトルにも冠されている人文学です。これに対して、法学部や経済学部で学べるのが社会科学、理系の学部で学べるのが自然科学と言ってよいかと思います。

　それでは、人文学の研究目的とは何でしょうか？

　これに対する回答自体十人十色だとは思いますが、私は「私たちの「今」の考え方がどのように形作られたのかを、「過去」からの変化の過程を知ることで客観的に捉え、それを踏まえて私たちが「未来」を選択する際の手助けをすること」だと考えています。「文学部の学問が「今」を知り「未来」を考えるのに役立つなんて」と訝しむ方も多いことでしょう。しかし私は、学問とは総じて未来を考えるためにあるのであって、その違いはアプローチの仕方にあるのだと思います。

　ここで、自動車と交通事故を例にアプローチの違いについて考えてみましょう。自動車は、交通手段を画期的に変えたものとして私たちの社会で広く普及しています。しかしこれは、交通事故という私たち

第2章 われわれは何ものなのか

の社会における新たな問題を生み出すことにもなりました。

　事故の問題について考えるとき、ある人は、事故を起こさないような自動車をつくろうとするでしょう。これは、自然科学的なアプローチです。またある人は、事故が起こらないような制度をつくろうと考えるでしょう。これは、社会科学的なアプローチと言えます。ここで彼らに共通するのは、事故が起こらない世界をつくることは可能だという考えです。これに対して人文学的なアプローチでは、事故が起きてしまうことは前提としたうえで、それでも事故を起こさないようにするために私たち自身はどうあるべきか、万一事故が起こってしまったときに私たちは事故とどう向き合うべきかを考えるのです。

　人文学の研究者は、それぞれが専門としているフィールドや分野で日々こうした問題と向き合っています。私が専門としているのは、近代香港の歴史と公衆衛生の問題に関する歴史です。この二つは、今の私たちにとってどのような意味を持つでしょうか。

　まずは香港について。香港は、イギリスと中国の清朝との間で起こったアヘン戦争の結果、1842年にイギリスの植民地となりました。イギリスによる支配のもと、香港はアジアにおけるヒト・モノ・カネの一大集積地となり、東アジア広域ネットワークの重要な結節点としての役割を果たしました。第二次世界大戦時には旧日本軍に占領されましたが、戦後は再びイギリスの植民地に戻り、世界有数の金融センターとして繁栄することになりました。1997年、香港は中国に返還されましたが、2014年の「雨傘運動」などに見られるように、現在両者の関係は必ずしも良好とは言えない状況にあります。

　香港の歴史を知ることは、日本に住む私たちにとっても重要な意味を持ちます。日本は、明治維新を経て西洋をモデルとした近代国家の

133

建設を目指し、積極的に西洋・近代的な制度や価値観を受容しました。一方の香港では、イギリスの植民地当局が次第に近代的な統治制度を整備し、中国人社会に対してその影響力を拡大していきました。つまり香港の中国人社会では、西洋・近代的な制度や価値観の受容は積極的なものではなく、しばしば植民地統治のなかで押し付けられたものでした。現在の香港における香港史研究でも、イギリスによる植民地統治に対して中国人社会がどのように反応したのかに注目が集まっています。香港という、日本とは異なる形での近代を経験して現在繁栄するアジアの一地域の存在は、進歩としてのみ考えられがちな日本の近代化の特徴を客観的に捉えることにつながります。

　そして、私たちが近代的な制度を積極的に取り入れた分野の一つが公衆衛生です。政府による公衆衛生の制度化が必要であるという考え方の歴史は意外に浅く、19世紀半ばの西洋で近代国家のあり方が模索される中で生まれ、それが世界各地で近代国家が建設されるに従い広く普及していきました。現在では私たちは、政府が公衆衛生の問題に責任を持つことをおおむね肯定的に、そして当然のように考えています。

　しかしその歴史を見ると、公衆衛生の制度化は必ずしも肯定的に捉えられるものではありません。特に植民地においては、公衆衛生の制度化は現地社会を管理・支配するための役割を果たしていました。そして、こうした役割は現地社会にのみ適用されたわけではありませんでした。例えば私がフィールドとする香港では、植民地当局による公衆衛生の制度化は西洋人の政治的・経済的権利にも制限を加えるものでした。つまり「公権力による公衆衛生を通した社会への介入」は、植民地のみならず近現代世界全体の特徴の一つと位置付けることが出

来るでしょう。私たちは公衆衛生の問題に関する歴史を知ることで、政府・社会・個人はどのような関係性にあるべきかという極めて現代的な問題に対して、これからどのような未来を選択するかを考えるうえでの有力な情報を得ることになるのです。

　最後に、こうした人文学的なアプローチは研究者だけが持っていればよいものでしょうか?

　私は、これは私たちが社会で生きていくうえで必要不可欠な態度であると考えます。先の交通事故の例に戻れば、事故とどのように向き合うのかは、研究者だけが考えればよいのではなく、社会を構成する人々それぞれが考え答えを出していかなければなりません。人文学に携わる研究者は、大学をはじめとした教育機関における活動はもちろんのこと、積極的に社会の多くの人々に人文学的なアプローチを伝えていかなくてはなりません。そしてこれこそが、人文学の最大の社会貢献となることでしょう。

こほり　しんご。1991年生まれ。現在、京都大学大学院文学研究科東洋史学専修博士後期課程在籍。専門は近代香港史、特に公衆衛生の問題を通した20世紀前半の香港における政治的・社会的変化と、そこから浮かび上がる「近代性」について。主要業績:「世紀転換期香港の衛生政策をめぐる議論——中国人の居住環境の改善と経済的自由主義」『史林』第101巻第2号、2018年。

腐植土の人文学

上尾真道

　いま人文学の未来に寄せられる憂愁と期待の背後には、「人間」と知との関係をめぐる危機が控えているだろう。その兆しはもっぱら「人間科学」の領野から聞こえてくる。いまや、人間的と形容される現象は、例えば神経解剖学や情報工学において、以前よりもずっと精緻な観測、測定、計算に捉えられようとしている。人間は、そこでは、他のものよりはいく分か特徴的で興味深いひとつの対象にとどまる。自然のうちに想定された秩序のなかに深く深く埋め込まれた対象。

　こんにちの人間のこうした境遇は、ある程度までは18世紀末以来の近代世界の直接の帰結だと考えられる。近代世界とは、対象－人間に関する科学がその勢いを募らせる世界であった。「人間機械」を見出した18世紀末においてすでに気づかれたのは、科学は人間の都合などすでにお構いなしであることだ。機械はもはや私たちの身体の尺度に応じてつくられた道具的延長物ではありえない。機械の側に固有の合理性こそが、私たちの身体を諸機能に分配し、諸部品へと分解するのである。それゆえ近代人の肖像には、そのはじめから怪物が同伴している——フランケンシュタイン博士の怪物だ。近代科学の分析的メスのもとで、人間とは、潜在的には常に寸断された身体の寄せ集めである。戦争はこれをあけすけに見せしめよう。じっさい19世紀末以来、兵士は己の戦いの延長として武器を携えることはもはやなく、巨大な戦争機械の非人間的な衝撃や振動に付帯する部品となった。そしてそ

第2章　われわれは何ものなのか

の見返りとしては、ただ磨耗し、バラバラになって吹き飛ぶ、剥き身の身体部品だけが私たちの手元に残されたのみである。

　他方、このような不遇にも耐えて人間にいまだ自尊心が保たれてきたのだとすれば、それは科学のなかでの人間の特権的な居場所が、主観性という形式によって確保されたからに他あるまい。自然を分析し、解明する理性の、実のところ制御不可能な性質に対して、「人間」は己をその主人とするような錯覚こそを、その砦として打ち立てた。この錯覚は、人間 − 対象と人間 − 主観性のあいだの分裂をもたらしつつ、同時にこれらを関係させて、奴隷と主人のごとくのカップルを作り上げる。これは単に諸制度の内部で人間どうしの関係として実現されるだけではない。むしろ己が己を支配することを義務付けられた近代人の内的な引き裂かれでもある。

　さて、私が研究の中心に据える精神分析の実践と知は、近代科学がもたらすこのような分裂に目を留めつつ登場した。なかでも戦間期のフランスで、ジャック・ラカンにより着想された「鏡像段階」論は、主人的人間の成立をめぐる理論モデルとして読まれてよいだろう。それによれば、動物と異なり十分な神経的統合を備えず生まれてきた幼い人間は、自己の身体を寸断されたものとして経験するが、ある時、鏡に映った統一的身体像を見つけ、これを自分の理想的な姿として先取り的に引き受けるのだという。さらにのちの理論発展においては、この自我イメージの主人的統一性を支える「理想」の審級の働きが強調された。つまりこのようなイメージが発見されるためには、何より鏡が、澄み渡っていなければならない。歪みのない光に満たされていなければならない。自己の統一イメージを引き受けるとは、それを可能にした統一する視線をこそ引き受けるということなのだ。

137

この視線の支配が問題である。科学的主体に授けられるこの冷たく透明で幾何学的な視線。それは、同時に帝国主義の人種差別的視線、資本主義の搾取的視線とも絡み合って、「人間」についての知の外枠を決定してきた。さて、この点から、こんにちの「人間」の危機についてひとつの考えを持つことができよう。危機は、なによりこの視線の主人の座が人間から離れていくことに関係しているのではないか。一方でそれは、科学技術に固有の合理性が、世界を分解していくにあたってもはや人間的主観性という媒介を必要としなくなったということだ。しかし、他方では、おそらくこの危機は、人間の場所を、近代的相補関係とは別のところに見出そうとする地道な試みにも由来していたのではなかろうか。そして、それがまさに人文学の仕事であった。人文学、それは私にとって、支配者的主観性と手を切るために、別のまなざしを得ようと望むことだ。

　この点について再びラカンから、二つめの、より重要な教えを引き出さねばならない。彼は、精神分析の臨床実践の目指すところとして、理想のいっそうの確立ではなく、その廃棄に強調を置いた。それは無秩序やニヒリズムへと私たちを導くためではない。反対に、理想の没するところで、人間についての諸々の新たな形を捉える機会を得るためである。そこでは複数形の「人間」たちが考えられねばならない。理想のくびきから解き放たれたところで、それでもなお大地から立ち現れる諸々の人間たち。そんな人間たちに形象を与えるにあたっては、やはりラカンの「人間腐植土 humus humain」という表現が、ここでひらめきを勢いづかせてくれる。彼によれば人間とは「言語の腐植土」である。これを次のように読もう。人間は、切断的理性の特殊な様態としての言語のうちに住まい、そうすることで、その寸断的でし

第2章　われわれは何ものなのか

かない存在の集積を、肥沃な土壌へと変えることができる、と。というのも、言語においては、その多義性、多形性が常に迂回や潜伏、短絡を思いがけぬかたちで生み出し、そのため私たちがさまよう表面は、科学のなめらかなそれと異なって、いくつもの襞に特徴づけられるからだ。そうしたふくよかな襞は、人間性の栄養を育むためにある。ただ己をだけでなく、他なる人間性を養うための栄養である。

　人文学がなされるのは、こうした「人間腐植土」のためにであり、またそれとともにである。「人間」の危機のあとで、科学に切り刻まれた対象 − 人間だけが残ることになったとしても、そうした世界のなか、チャンスのたびごとに、人文学はその腐食作用を働かせることができるだろう。人文学の読み取るまなざしは、ミミズのように、世界のなめらかな表層を読み崩していく。歴史の折りたたまれた頁を開き、生活の思いがけぬ細部を掘り起こし、文字の間隙に細い轍を探り当て、そのようにしながら私たちが生きるこの「現在」が、いかに複数の人間性によって多重決定されているか、実践の中で開示するのである。そこでは、理想的人類のなめらかで人工的にも見える皮膚に代えて、小さな痛みや欲望が流れる水路のような皺に飾られた肌が私たちのものとなる。私にとって人文学とは、他者のために己を豊かにするそうしたユーモア的実践である。

　うえお　まさみち。1979年生まれ。主要業績：①『ラカン　真理のパトス』人文書院、2017年。②『発達障害の時代とラカン派精神分析』（牧瀬英幹と共編）晃洋書房、2017年。③「フロイトの冥界めぐり——『夢解釈』の銘の読解——」『人文学報』第109号、2016年。

朝鮮史の普及をめざして

小野容照

　私の専門は歴史学、とくに日本の植民地時代（1910〜1945年）の朝鮮の民族運動を研究してきた。私が論文や本を書くとき、もちろん先達の優れた学術書も参考にするのだが、実はもっとも意識しているのはミステリ小説である。

　その理由は、どれだけ退屈な内容だとしても、とりあえず犯人が誰なのか気になるため最後まで読ませる力がミステリ小説にはあるからである。学術論文は、その分野に関心を持つ研究者を除けば、読み物としては基本的に退屈なものであろう。どれだけ重要なことを論じていても、読まれなければ意味はない。自分が興味を持って分析している歴史の「謎」を、探偵が事件を解き明かすかのようにストーリー性を持たせて、結論に向けて解明していくことで、専門家以外には退屈かもしれない論文を最後まで読んでもらえるように工夫しながら書くというのが、私が目指す歴史叙述のスタイルである。

　歴史学とミステリ小説には、ほかにも共通点がある。ミステリ小説では犯人の使ったトリックが現実的なものであるかよりも、重要なのは、作者が提示した各種の伏線などの条件から、読者が論理的に犯人を推理することが可能かということである。歴史学もまた、残されている史料という条件のなかで歴史の「謎」を分析し、論理的に、そして説得的に論じることができるかが重要である。また、多くのミステリ作家は自分の思いついたトリックやストーリーで読者を驚かせたい

と考えているだろうが、私も朝鮮史をめぐる発見を、少しでも多くの人に伝えたい、驚かせたいという思いで研究しており、これが私の歴史研究の原動力になっている。それが出来ているかは別問題だが。

純然たる学問である歴史研究をミステリ小説と結びつけ、さらには自分の発見を伝えることが研究の動機であるといってしまうと、不快感を持つ人もいるかもしれない。しかし、私は歴史研究にはこうした「軽さ」が必要だと思っている。

周知のように朝鮮史、それも植民地期の問題は、今日の日本と韓国、北朝鮮との関係に直接的な影響を及ぼしており、それだけに正しいものから、怪しいものまで、インターネットで多くの情報を得ることができる。しかし植民地に関する知識や理解は、インターネットの情報だけでは不十分で、やはり史料にもとづいて書かれた論文や学術書は必要不可欠である。しかしそうした論文や書籍が専門家以外の読者を拒むような叙述では、朝鮮史の普及は進まないのではないか。私自身はこうした問題意識を持って、学術としての水準と読み物としてのおもしろさの両立を目指して、朝鮮史研究に励んでいる。

また、歴史研究の「軽さ」は、大学の教育においても必要だと考えている。2000年代初頭の韓流ブームとは異なり、近年は若年層を中心として韓国の映画や音楽などが人気を集めており、実際、高校の頃にハングルを少し勉強したことのある学生が増え始めているのを感じている。とはいえ、そうした学生が朝鮮史に興味を持つかは全くの別問題であり、とくに植民地期となると、今日の歴史認識問題と結びついた「暗さ」や「重さ」がつきまとう。そのことは否定できないが、歴史研究の楽しさの根底には、自分の興味関心を深めて、自分が発見したことを伝えるということがあるはずである。歴史研究のテーマが政

治や経済、戦争などに限定されるものではないこと、重要なのは自分の興味や関心であって、史料の条件や論じ方次第では何でも研究対象になり得ること。そしてそれは朝鮮史も例外ではないことが、できる限り伝わるように心掛けながら講義をしている。

もともと朝鮮独立運動を研究していた私が、植民地朝鮮の野球をテーマにした『帝国日本と朝鮮野球――憧憬とナショナリズムの隘路』（中央公論新社、2017年）を刊行したのは、専門家しか手に取らないような本ではなく、広くスポーツに興味を持つ人にも朝鮮の歴史を伝える、野球のような軽めのテーマでも朝鮮史研究の対象になり得るということを示す、という意図からであった。

以上のようなことが、私にとっての朝鮮史の研究と教育の根底にある。次に私の今後の研究の方針を宣言するとすれば、韓国と北朝鮮、さらには日本を含めた東アジアで共有されるような朝鮮民族運動史を描くことである。

植民地時代の朝鮮の人々の独立運動の経験や記憶は、解放後の韓国と北朝鮮でナショナル・アイデンティティを構築する際、重要な役割を果たしてきた。とはいえ、韓国と北朝鮮では独立運動史の描き方は大きく異なる。韓国の現行の憲法の前文では、1919年に上海で成立した大韓民国臨時政府の法統を継承する国家として韓国を位置づけている。それゆえ大韓民国臨時政府や、同団体がめざした共和制国家の樹立運動が韓国の独立運動史研究の王道である。一方、北朝鮮は建国者である金日成の抗日運動や社会主義運動を（やや過剰に）評価しており、大韓民国臨時政府はブルジョアの亡命政府として切り捨てられる。

2018年4月の首脳会談をはじめとして、韓国は北朝鮮に対する宥和政策を進めているが、南北で大きく異なる独立運動史を「統一」する

ことは、決して容易ではない。南北の独立運動史は、解放後の国家体制から逆算するかたちで数ある独立運動のなかから都合の良いものが選別され、描かれてきた。両者の価値観が大きく異なるなかで、共通する独立運動史叙述を描く際に重要なのは、何よりも歴史資料にもとづき史実をできる限り客観的に復元することであろう。

その際に留意すべきは、独立運動史研究がナショナリズムと深く結びつく分野だという点である。ここでナショナリズムの功罪を述べることはしないが、ひとつ指摘したいことは、それが「内向き」なものだという点である。それゆえ、朝鮮独立運動史は、韓国にせよ北朝鮮にせよ、他民族との関係が十分に描かれてこなかった。しかし私は、朝鮮のナショナリズムは他民族との（友好的なものにせよ、対立的なものにせよ）相互の影響関係のなかで形成されたと考えている。

やや大風呂敷ではあるが、他民族との交流のなかで展開される朝鮮独立運動史像を、できるかぎり歴史資料にもとづいて叙述することで、韓国と北朝鮮、そして東アジアで共有されるような朝鮮民族運動史を描くことをめざしていきたい。この作業もまた、朝鮮史の普及につながるはずである。

おの　やすてる。1982年生まれ。主要業績：①『朝鮮独立運動と東アジア　1910-1925』思文閣出版、2013年。②「第一次世界大戦の終結と朝鮮独立運動——民族「自決」と民族「改造」」『人文学報』（京都大学人文科学研究所）第110号、2017年。③「ロシア革命と朝鮮独立運動——現代韓国・北朝鮮の淵源」宇山智彦編『ロシア革命とソ連の世紀（五巻）越境する革命と民族』岩波書店、2017年。

作品としての人文学

小関 隆

　断るまでもなく、本稿のタイトルは内田義彦の名著『作品としての社会科学』（岩波書店、1981年）の単純な変奏である。内田曰く、社会科学者は専門家だけに宛てた論文に終始するのではなく、一般読者に向けて「作品の名に値する社会科学書」を送り出さねばならない。スミスやマルクスがしたのはまさにそれであった。「……かれらは、新しい社会のための新しい処方箋を専門家に提供したのではない。……その制作物が、思想の作品として、直接一般読者にとどき一人一人のなかでコペルニクス的転換がおこることを念願として書いた。……かれらの社会科学たる経済学――経済学批判――は、人文学というはるかに古い学問の系統をひく」（同時代ライブラリー版 p. 45）。

　内田は社会科学が人文学の精神を回復すべきことを唱えたわけだが、現実に進展したのは人文学が社会科学と類似した「科学」の性格を強める、という事態であったと思われる。主観よりも客観を、解釈よりも証明を、叙述よりも分析を、偶然性よりも必然性や法則性を重視する傾向が顕在化したのである。客観的な根拠に基づく分析的な実証の重要性に異論を差し挟む余地はないが、しかし、主観性を棚上げし、偶然性を過小評価して必然的法則らしきものを追求せんとした結果、人文学に宿っていたはずの想像力や叙述力が衰微してしまったのは由々しきことだろう。「科学」たるもの当然ということか、人文学は数少ない専門家に向けた営みとなり、専門外の読者は二の次とされて

第2章　われわれは何ものなのか

いる。専門に閉じこもらず広く語りかけよ、といった声は繰り返し発せられてきたが、人文学の学術書が総じて一般読者を惹きつける力に乏しいことは否定できない。人文学の存在が問われている今、改めて内田の問題提起を受けとめ、「作品としての人文学」を考えてみることには小さくない意味があるだろう。歴史家ローレンス・ストーンが1979年に指摘した「叙述の復活」という論点（今また新たなアクチュアリティを帯びつつあるかに見える）とも重なる。

　もちろん、専門家集団の中で評価されうる水準の研究を行うことを否定しようというのではない。それは絶対に必要である。学術的にしっかりとした足場を欠く研究者が一般読者に働きかけたところで、底の浅いメッセージは彼らの内奥を揺さぶりはしない。質の高い研究があってこそ、有意なメッセージは生産されうる。とはいえ、研究の質の高さだけで専門知識をもたない読者への訴求力が保証されるわけではない。いかに学術的価値が高くても、専門家のみを想定したプロダクトは一般読者を拒む。したがって、広く読まれるためには、研究の中から一般性の高いメッセージを析出し、内田のことばを借りるなら、「論文」ではなく「作品」に仕上げる必要がある。伝えるべき内実を備えた研究成果に「作品」というかたちを与えてはじめて、成果を専門外の読者と分かちもつことが可能になる。「作品」への着目には人文学の再生を促すポテンシャルがあると思われるのだが、しかし、社会科学に限らず、人文学の世界においてさえ、「「作品」を志すことは、学者本来の仕事からの逸脱、……論文だけが創造で、一般読者向きというとすなわち安易な啓蒙書という常識」（同上 p. 44）は根強い。

　実際には、「作品」をつくることは「安易」どころかきわめて難しく、多大な「創造」の力を必要とする。歴史学に即して述べるなら、

価値ある研究成果を「作品」に仕上げるためには、あくまでも最大公約数的にいってのことだが（テーマや題材によって偏差は大きいだろう）、次の3点をクリアする必要がある。①堅固な裏づけをもった正確なデータを過不足なく提供すること。「過不足なく」と書いたのは、データが不足しているのは論外として、データを過剰なまでに羅列することに自己満足しているとしか思えない歴史書によく遭遇するからである。「過不足なく」の見極めなしに、「作品」は書かれえない。②検討されるべき論点を的確に提示し、それらに関する充分な考察を展開すること。著者の役割はデータと論点を示すまで、その先を考えることは読者にお任せ、といった無責任な態度からは、「作品」は生まれてこないが、この種の歴史書も多い。③読者を最後まで惹きつける「おもしろい」叙述をすること。①と②を充たすのも容易ではないが、最も達成が難しいのは③だろう。ここのところで、学術的な歴史書は、①も②も通常は顧慮しない歴史小説や歴史エッセイ、あるいは歴史もののゲームとの競争に敗れがちである。③を実現する有効な方法の1つは、強靭に設計され、ロジカルに展開する本筋と、引き締まった本筋がもたらしがちな息苦しさを緩和するだけでなく、本筋の見通しを攪乱せず、むしろ豊かな陰影を与えるような、それ自体として魅力的な挿話とを、有機的に組み合わせることであると私は考えている。これはいわば文学的な営為であり、換言すれば、文学にも通ずるような「作品」性（「美」「魅力」といってもよい）を備えなければ、専門外の読者には届かないということである。歴史家をはじめ、人文学の研究者はすべからく物書きの自覚をもって、学術的な厳格さと「おもしろさ」とを両立させるべく努め、叙述する楽しさを自ら体感しなければならない。人文学の成果は、パワーポイントに映写された図表以上

に叙述の中にあるのだから。

　歴史学に話を絞ってもう１つ付け加えたい。現在や未来を語るべきことである。今日的な関心をストレートに過去にもちこまないこと、過去の類似現象に依拠した予測を軽々しくしないこと、いずれも歴史学の基本中の基本であるが、歴史のパースペクティヴの中で現在や未来を論ずることまで禁忌するのは行き過ぎだ。現在も未来も間違いなく過去の痕跡を包含しているのであって、現在に息づく過去、未来にまで引き継がれるであろう過去は歴史学の対象たりうる。長いパースペクティヴを踏まえた現在や未来についての考察は、たとえば社会学的な現状分析や未来予想とはおのずと違った性格を帯び、歴史学だけに可能な知見をもたらすはずである。Another world is possible と口にすれば冷笑しか返ってこないほど閉塞感の強い時代、未来の可能性を最も説得力をもって語りうるのは、another world がたしかに存在した過去を知悉する歴史家なのではないか？　もちろん、かつて存在した another world と構想されるべき another world が同一であるわけもなく、歴史学にできるのはあくまでも示唆に留まるが、その節度を保ったうえで「提言する歴史学」たらんとし、「提言」を「作品」として送り出すことは、奨励されてよいだろう。

こせき　たかし。1960年生まれ　イギリス・アイルランド近現代史。主要業績：①『アイルランド革命　1913—23——第一次世界大戦と二つの国家の誕生』岩波書店、2018年。②『徴兵制と良心的兵役拒否——イギリスの第一次世界大戦経験』人文書院、2010年。③『プリムローズ・リーグの時代——世紀転換期イギリスの保守主義』岩波書店、2006年。

第3章
われわれはどこへ行くのか

思うに、希望とは、もともとあるものともいえないし、ないものともいえない。それはまさに地上の道のようなものである。地上にもともと道はない。歩く人が多くなれば、それが道になるのだ。

魯迅「故郷」

私の人文学宣言

三輪眞弘

　近年、様々な形で「人文学の危機」が叫ばれている中で、ぼくは自分が関わる芸術／創作の視点からいつも「人文学がみずからの問題を解決できるのだろうか」と感じてきた。まず、人文学の視点から人文学を語ることはできない。視界の中に視点は存在しないからだ。「人文学の危機」を考える時、必要なのは「人文学の外から」人文学を見る視点だが、それは自動的に「自然学から」人文学を見ることを意味するとは限らないはずだ。また、この「危機」についてもぼくなりに考えてきた。つまり、地球上生命進化の過程で「生命由来の人類は、機械由来のAI、ナノ、バイオマシンなどに地球生態系を譲り渡すだろう」という予測は、将来あり得ないことではないとしても、それはぼくにとって、あくまで「他人事」にすぎない。ぼく個人は、とりあえず（人間の）死者たちの無念に耳を傾け、未来の世代に恥じないでいられる地球環境と人間社会を彼らに引き渡すための努力しかできないし、そのためにこそ学問を必要としている。もし、昨今言われる「教育研究の社会的還元」を問うなら、人文学はそのため以外に一体どんな役割があるというのだろう。そしてその「ステークホルダー」なる言葉が指すものが、地球生態系を含む「未来の子供たち」でなくて誰だと言うのだろう。

　しかし、そもそも「死者たちの無念に耳を傾ける」ことや、ぼくたちが「未来の世代に恥じない」でいたいと願うこと、そのものの意味

第3章　われわれはどこへ行くのか

や価値をいちいち説明する必要があるのだろうか。そのような信念は
人それぞれがみずからの心の裡にしまっておくべきことではなかった
のか。だが、そうではないようなのだ。だからこそ「野暮を承知で」
誰にでもわかるようにそれを丁寧に説明しない人文学は理解されず、
無用の長物のように見られるようになったのだと思う。「機械」、つま
り人間の生み出した科学技術が地上を席巻し、身の回りがより快適に
なったように見えながら、その代償としてぼくらの世界がより息苦し
く殺伐としたものになる中で、物質そのものではなく、物事の「意
味」を扱う専門家たちであるはずの人文学者は、現在の状況に対して
はっきりと異を唱える責任があると思う。

　先に「他人事」という言葉を使ったが、ぼくは自然学や工学（先の
「機械」のこと）は常に「他人事」に関する知性だと思う。自然学者
は実験の際に、自分の研究対象に自分自身や家族が含まれていること
を必ず（一時的にせよ）度外視しているだろう。なぜなら、それは物
質宇宙に関する探求だからだ。しかし、人文学はそれとはまったく次
元の異なる知性だったのではないか。人文学こそ「いま、ここ」で呼
吸を続ける「わたし」と私の住まうこの世界／宇宙との関係を考える、
もっとも切実でもっとも高度な知性ではなかったのか。それなくして、
ぼくらはどうして「わたし」という「地球生物個体の存在理由」を支
えられるというのだろう。もちろん、「そんなものは脳神経が作り出
した"物語"にすぎない」と批評することはたやすいが、それはあく
まで「他人事としてならば」である。

　そして、現在のアカデミズムにおける細分化され、奇妙に「平等」
化した学問体系とはあくまでも、そのような近・現代の自然学特有の
視点によって再編されたものであり、それは中世以後の「自由七科」

を持ち出すまでもなく、西欧の学問体系においてでさえ自明なものではなかったことはぼくが説明するまでもない。「リベラルアーツ」という言葉が生まれた時代に還れと言うつもりはない。しかし人文学と自然学があたかも右脳と左脳の機能別に並置されるような現在の学問体系はあまりに幼稚でいびつであり、何より人類の「知の枠組」としての厳密さをまったく欠いたものだとぼくは思っている。

　では、どうすべきなのか。最初に述べたように自然学からではなく、しかも「人文学の外から」人文学を見る視点として、ぼくはメディア理論やシステム理論、サイバネティックスなどを含む「新しい情報学」の領域に個人的な期待を寄せている。それらは生命現象から情報化社会まで、様々な事象で生起する「出来事」とその間で交わされるメッセージ、すなわちその「意味」を扱う学問領域だからだ。古今東西の人間がそのような意味世界の渦中で生存し、生活してきたことは言うまでもない。言い換えれば、物理世界の「石」には「重さ」があるだろうが「重い石」は意味世界にしか存在しないということであり、また、人為的なものに限らず、地上における生命圏のあらゆる「表現」はそのように成立してきたと捉える視点である。

　その上で今、ぼくは「人文学における工学」が必要だと考えている。自然学によって得られた知見を実世界において展開する「技術」を広く工学と呼ぶなら、人文学においてもそれに対応する「工学」があっても良い、いや、今こそそれが必要とされているのだと考えるのは突飛なことだろうか。人文学における様々な知見を展開し、いま、この世界で「やって」みせていないというのが人文学研究の本当の問題なのではないか。そして、人文学研究における社会的実験・実践を単なる「応用」として軽んじるのではなく、自然学における工学のように、

ぼくらはその「技術の領域」としての価値と重要性を相応に位置づけるべきではないだろうか。それは、意味世界において「理にかなった」人文学における「技術」のことである。

　言うまでもなく、そのように言うのなら、すなわち、それが意味や価値をめぐる世界の問題ならば、資本主義や民主主義などの思想や政治、そして宗教こそがまさに、ここで言う、壮大な「人文工学」のことであったに違いない。地球上生命である人類がこれまで生み出してきた様々な価値、何より善悪や美醜はすべて意味世界の上に立脚しているのであり、それらを人間なりに体系化してきたのが宗教だったはずだ。そして、旧来の宗教あるいは芸術という「ノスタルジー」、つまり物質的には説明不可能な「お伽噺」をぼく個人ももはや、そのまま信仰することはできない。しかし、それらよりもはるかに説得力のある根拠が、先に述べた「新しい情報学」の視点から見出され、それによって、それらの「お伽噺」もまた、これまでとは異なる次元で理解可能になるのではないか。つまるところ「人文学の危機」とは信仰や芸術の危機のことに他ならない。そして今、それらに代わる確かな基盤を求めなければ人文学、いや、人間の世界はもはや成り立たないだろうとぼくは恐れている。

　みわ　まさひろ。1958年東京に生まれる。ベルリン芸術大学及立ロベルト・シューマン音楽大学で作曲を学ぶ。2004年芥川作曲賞、プリ・アルスエレクトロニカでグランプリ（ゴールデン・ニカ）、芸術選奨文部科学大臣賞などを受賞。「三輪眞弘音楽藝術」をはじめ、CD「村松ギヤ（春の祭典）」や楽譜出版など多数。旧「方法主義」同人。「フォルマント兄弟」の兄。情報科学芸術大学院大学（IAMAS）教授。

人文学の「自己弁護」

アメリカの事例から

中野耕太郎

　われわれが直面している「人文学の危機」が深刻なのは、それが日本国内の教育行政や大学＝社会関係の問題に閉じたものではなく、世界各地でいわば人類史の一局面として現出していることである。現在、人文学の基盤は欧米諸国でも著しく脆弱化しているのであり、筆者が研究対象とする超大国アメリカとて例外ではない。

　ここに現状を示す一例がある。2014年1月、当時のオバマ大統領が、中西部のGE家電工場で語った言葉は小さな醜聞として波紋を広げた。この日、彼は講演会に出席した電機労働者を前に、製造業への敬意を示そうと冗談混じりにこう述べた。「(皆さんのように)熟練の職種に就いているほうが、"美術史の博士号よりも"うんと儲かるはずだ」と[1]。直後に全米の研究者団体から抗議を受けたオバマは率直に自らの失言を詫びたが、この一件は美術史を含む人文学に付きまとう不遇なキャリアイメージが、通俗的な揶揄、嘲笑の対象であること、また聴衆たる勤労者にとって、もはや人文学が提供するリベラルアーツ教育が魅力的でも尊重すべきなにかでもないことを物語っていた。

　実際、今日アメリカの人文学は苦境に立たされている。日本の科研費に類する全米人文学基金（NEH）の全体予算は、1970年代中葉の最盛期から約3分の1に落ち込み、同分野を専攻する学生の比率も半減している。卒業後の職業生活と直結したより専門的な教育課程の方がはるかに人気なのだ。この点にふれて、ニューヨークタイムズ紙は

第3章　われわれはどこへ行くのか

次のように伝える。今やその有用性が疑わしい「人文学は大きな圧力を受け、その存在意義を官僚や政治家、学生、父兄に対して自己弁護せねばならなくなった」と。だが、まさにそれゆえに、同紙のD・ブルックスは「この頃の大学はより専門的で煌びやかになったが、何かしら深く沈んだ空疎さがある」と観察する。さらにブルックスは2018年1月の論説では最新の研究を引いてこう示唆している。「人間は政治的で関係的な生き物」だと教える人文学は、一般学生の目には、彼らが信じる個人主義の人間観に反する「腐った独善的な制度」と映っている。そしてそうした風潮は「疑心暗鬼で分裂した社会」の現況、すなわち「リベラル・デモクラシーの消滅」と関係があるという[2]。

　ところで、このように人文学の「今」を悲観する態度には、かつてより好ましい時代が存在したという前提がある。おそらくそれは、この分野に潤沢な公的資金が投入された第二次大戦後の数十年間であった。そして、この黄金期を象徴するのが1965年のNEH基金の発足であり、その創設目的には次の理想が掲げられていた。①芸術と人文学をすべてのアメリカ国民のものにする、②よりよい過去の理解と現状分析、そして未来展望に資する学術・文化活動を支援する、③人文学の発展を通じて、民主主義の担い手たる知的な市民を育成する、等々。もとより、このような「民主的な」人文学の制度化は、冷戦構造の中で政治的に求められ、歴史的な福祉国家政策が可能にしたものだった。だが、「戦後」は人文学の歴史に永続的な刻印を留めてもいる。

　ひとつは、助成金の分野区分とも関わる、科学と人文学との分離であった。NEHの発足当初、この点に注目した歴史学者ジョン・ハイアムは、自身の研究実践では社会科学的な分析を重視しつつも、つぎのように人文学のレーゾンデートルを定位することになる。「人文学

のアプローチは……経験の複雑さを保存する仕事に専念する。それは……表現的な言語使用を許し、一般法則より個々の出来事への関心が大きく、量的ではなく質的な判断に依存し、部分の解剖より全体像の主観的把握を目指す」と。第二に、人文学とリベラルアーツは戦後、激増する高等教育への新たな需要の受け皿となった。その結果、学生と研究者双方における出身階層や民族的背景は著しく多様化し、この流れは長く維持されている。第三に、戦後のアメリカ社会では、在野の人文学者の比重が減じ、リベラルアーツの学知は大学という制度の中に狭く囲い込まれていった。これまで彼らが果たしてきた、広く公衆に学術研究の果実を分け与える役割は、人文学の「専門化」とともにますます軽視される傾向にある[3]。

　ともあれ、戦後人文学の時代は長くは続かない。1980年代のレーガン保守の「小さな政府」運動は NEH 基金削減の嚆矢となり、90年代の冷戦終結は「黄金期」を支えたそもそもの政治的枠組みを切り崩してしまった。だが、それにもかかわらず、20世紀の人文学が目指したもの——特に、芸術と人文学をすべての民衆に開かれたものにし、多様な人々の社会的包摂を目指そうという理想は、今も色あせない。先述のオバマ失言やブルックスの憂鬱が示すことは、人文学の衰退が市場第一主義の蔓延を背景とする社会の再分断化と表裏をなしている事実である。だとすると、人文学が行うべき「自己弁護」はインクルージョンの学としての存在意義を取り戻すことではないか。そしてそのとき、大学人は、かつて在野の知識人たちが奮闘したように、人々との対話を求め、社会的なものを作り出す役割を担わねばならない。

　2009年の会議で、史家 E・エアーズは、「人文学は人類の世俗的な記憶……巨大な集合的記憶」だと語った。そしてこの「記憶」は、

第3章　われわれはどこへ行くのか

「本当は忘れてしまいたいが、やはり覚えておくべき問題を解明し書き残す」使命を帯びているという[4]。この言葉が「経験の複雑さを保存する仕事」というハイアムの人文学テーゼと共鳴し合うことは論を俟たない。要するに人文学なくして、世代を超えた価値や理念の継承は難しい。そうなれば物事の正邪を判断する基準やコンテクストを知ることもできず、自集団以外の他者の生活や文化を理解することもあり得ない。たしかに人文学の凋落は、21世紀が目の当たりにする新たな「分断」に由来するのかもしれない。だが、この現実を乗り越えるために人類が活用できる「遺産」はやはり人文学の他にないのである。

1) "Obama Writes Apology to Art Historian," *New York Times*, Feb. 20, 2014.
2) Patricia Cohen, "In Tough Times, Humanities Must Justify Their Worth," *NYT*, Feb. 25, 2009 ; David Brooks, "The Big University," *NYT*, Oct. 6, 2015 ; Brooks, "How Liberal Democracies Perish," *NYT*, Jan. 12, 2018.
3) John Higham, "The Schism in American Scholarship," *American Historical Review*, 72-1 (Oct., 1966), 5 ; David A. Hollinger ed., *The Humanities and the Dynamics of Inclusion since World War II* (Baltimore, 2006).
4) Edward L. Ayers, "The Hidden Crisis of the Humanities," *Bulletin of the American Academy of Arts and Sciences, 63-1, Annual Report 2009* (Fall 2009), 44.

なかの　こうたろう。1967年生まれ。アメリカ現代史。主要業績：①『20世紀アメリカ国民秩序の形成』名古屋大学出版会、2015年。②『戦争のるつぼ——第一次世界大戦とアメリカニズム』人文書院、2013年。③『アメリカ合衆国の形成と政治文化——建国から第一次世界大戦まで』（共編著）昭和堂、2010年。

労働リテラシーという人文学の課題

小野塚知二

　人文学の基礎的で普遍的な課題がありうることは否定しませんが、他方で人文学も有用性を主張できなければならないでしょう。第一に、人文学が有用でなくてもよいとするのは徒食の発想であって、学問の業ではないからです。第二に、その点は百歩譲るとしても、人文学が今後も存続するには、人文学は諸資源を確保し続けなければなりません。予算や定員（ある科目のポスト）はむろん重要ですが、もっとも大切なのは、学び、研究するのに価する学問として人文学が認知されるという意味で、学生・院生を確保することです。

　一般論はここまでにして、各論に飛びます。この30年間ほどの日本を振り返り、今後10ないし20年ほど先を展望するなら、労働リテラシーは人文学の最重要な、しかし、充分に追究されてこなかった課題だと考えます。ここで、「労働リテラシーとは、労働者と使用者の権利・義務関係についての知識と、権利を行使し、義務を果たす技の体系」と定義しておきましょう。むろん、労働者・使用者双方の労働リテラシーを高めさえするなら、あとは、「自己選択・自己責任」の問題だというように、労働リテラシーを個人主義的に限定するのは適切ではありませんが、労使双方の労働リテラシーを高めずともよしとする理由はどこにもありません。それは、労働リテラシーが全般的に低いのではなくて、働く者の義務に関するリテラシーは概して高いのに比して、働く者の権利に関するリテラシーが極端に低い現状が、日本

第3章　われわれはどこへ行くのか

の人文学に突き付けられている大きな問題だと考えるからです。

　この非対称は不思議な現象です。たとえば、学校時代は遅刻・欠席・校則違反を常習としていたのに、「就職」したとたんに「まじめに働く社会人」になることを、わたしたちは、「あの子もおとなになった」とか「成長した」と受け留めるのが普通です。しかし、これはおかしくないでしょうか。就職したその日を境に、急に「おとな」になり「成長する」とは常識的には理解しがたい不連続な変化だからです。

　生徒・学生と「社会人」に共通するところがないわけではありません。それは、A 周囲におのれの弱さを見せられないという偏執狂的なこだわりです。しかも、B 弱みを露呈できない同じ者が、学校・大学に対しては甘え、使用者に対しては従順にふるまうという、上述の不連続があります。学生は大学に金を払い、労働者は使用者から金を払われるのだから、「そんなのは当たり前」でしょうか。金の向きで、人のあり方やふるまいがそれほど急激に変わるのは不自然でしょう。A という前提の下で、B という変化が発生するなら、それは不払い残業や過労死・自殺・精神疾患やブラック企業の確実な温床となります。

　その背後には、現在の日本の労働者は退出だけでなく発言もできないという特殊な問題が作用しています。労働者とは原理的には、おのれの労働力以外に売るべきものを持っていませんから、賃労働から退出（exit）することはできません。古今の社会は、その成員に退出か発言（voice）のいずれかを保証してきましたが、現在の日本では労働者には、使用者や上司とは異なる立場から、自分が働くうえで経験する苦境や困難について発言する機会はほとんどありません。労働組合はそうした発言を助ける仕組みとして期待されてきたのですが、組織率が低下しているだけでなく、労組があっても、組合員個人の発言を

159

保証する力は弱く、むしろ、労務管理の末端機能を果たし、さらに、労働者個人の権利を抑圧するような作用をしていることすらあります。

　長時間の労働が美徳であるかのような価値観や慣行は、民間企業だけでなく、官公庁にも、病院や大学にも蔓延しています。長時間労働に起因する鬱・自殺や過労死、不払い残業、パワハラ、セクハラ、諸種の差別など、労働の現場には、労働者が独力では解決できない問題が、ほとんど砂利道の小石のようにあちこちに散在しています。しかし、それらの問題を解決する上で、誰が助けてくれるのか知らずに、鬱病になったり自殺したりする労働者は後を絶ちません。これらの問題と密接に結び付いている労働時間当たり生産性の低さ、長時間労働や行列の価値合理性という日本社会の特徴も含めて、労働についてのイロハを教える科目も、場も、人もあまりに少なすぎるというのが、わたしが30年ほど大学教員をしてきて痛感していることです。

　卒業生で、不当な理由で退職を迫られたり、労働環境が原因で病気になったり、パワハラやセクハラに悩む人を何人も見てきました。しかも彼・彼女らは例外なく、退職した後、病気になった後、ハラスメントでさんざん悩んで職場を変えた後、何ヶ月も何年もたってから、そのことを話すのです。まさに悩んでいるそのときに相談してくれれば、少しは役に立てたかもしれないのにと思うのですが、彼らはその状況の中では誰にも相談できず、ひとたび就いた職からの退出という不本意な結果に立ち至り、しかし、明らかに、心の中に割り切れない思いがあるから、誰かに話したいのです。そして、何かのきっかけで、こんなことがありましたと話すのです。「でも、もういいんです。解決しましたから」と彼らは語ります。解決などしてないだろう、泣き寝入りしているだけではないかとは、後知恵ですから言えません。し

かし、こうして話すことのできる方々はまだ、問題を何らかの仕方で乗り切り、折り合いを付けたのですが、わたしにも、家族にも、自分が職場で抱えている問題をしかとは話せない人も多くいるでしょう。そういう人びとの一角に過労死・鬱病・自殺の危険が潜んでいます。

　社会保険労務士をしている方から、労働リテラシーについて地元の職業高校に出前授業を提供しているという話を聞いたことがあります。労働者の権利、事業所がしてはいけないこと、事業所の義務などについて、最低限の知識を一コマの授業で教えるのだそうです。一コマでも、何も聞かなかった生徒よりは、この出前授業を受けられた生徒は恵まれています。高校に出前授業を持ち掛けても、断られることもあるし、受け容れる場合も、「生徒に変な知恵を付けないでほしい。就職に差し障りがあるから」と釘を刺す高校もあるとのことです。生徒を労働者として送り出す学校側が、無知で、無力で、使いやすい労働者を育成しようとしているのが、現実の望ましくない一面です。

　学生の労働リテラシーを高める取組を意識的・組織的にしている大学はどれほどあるでしょうか。「就職支援」には熱心でも、実際に働き始めた後に多くの者が経験するであろう問題への対処法と、誰に相談し、何を頼るべきかを教えない大学は、無知で従順な労働力の供給機関に堕しています。これを正すことが人文学の課題だと考えます。

おのづか　ともじ。主要業績：①『クラフト的規制の起源——19世紀イギリス機械産業』有斐閣、2001年。②『第一次世界大戦開戦原因の再検討——国際分業と民衆心理』（編著）岩波書店、2014年。③『経済史——いまを知り、未来を生きるために』有斐閣、2018年。

科学の詩学にむけて

石井美保

　「文理融合」という言葉が、大学を舞台とする教育研究におけるマジックワードのごとく使われるようになって久しい。この言葉は、文字通り「文」と「理」なるものの「融合」を指しているが、裏を返せばこのふたつが別のものであることが前提とされている。そこで想定されている文／理モデルとは、科学的真理を発見し、実験と証明と応用を通して実用化していく理系的研究に対して、人間性にかかわる事象を広く考察し、科学が社会に与える影響を検証することで理系的研究を批判し補完する文系的研究、といったものだろう。人文学分野の研究者は、こうしたモデルに反発を覚えながらも、やはり「理系」との差異という点から「文系」の存在意義を主張せざるをえない状況にある。だが、こうした従来の文／理モデルを前提として文理融合を説くことの問題点を、まずは考えてみなくてはならない。同時に、理系的研究を他者化し、そこからの差異化を通して規定されるような人文学の見方をも、見直す必要があるだろう。

　この点について、科学技術を対象とした近年の人類学はひとつのヒントを与えてくれる。フランスの人類学者であるブルーノ・ラトゥールは、科学的な事実とされるものが、さまざまな非人間的存在と人間との交渉や連携を通して、いかに制作されるのかを明らかにした。「科学的事実」は人間による発見を待つ所与の客体ではなく、科学者と多様なモノとが織りなす実践の連鎖を通して作りだされ、複雑なシ

第3章　われわれはどこへ行くのか

ステムと手続きを通して実体化されていく。こうした見地は、普遍的な科学的真理の発見を担うという従来の科学観の見直しを迫るとともに、科学的なものと社会的なもの、あるいは「理」と「文」の境界の不分明さを私たちに突きつける。

　もうひとつのヒントは、自然科学者たちの営為の中にも見つかる。科学的真理の発見と応用を通して世界に対する人類の支配力を増大させていくという（他者化された）理系モデルとは異なり、みずからをとりまく不可思議な世界の探究としての自然科学の営みは、世界の独特なありようへの気づきを創造へとつなげていく芸術の営みと共通する側面をもつ。この重なりあう場所において、科学的探究を行った人びとは魅力的だ。たとえば寺田寅彦と、その門下生であった中谷宇吉郎。寺田は物理学者でありながら妖怪について考察し、中谷は雪の結晶に関する実験を重ねながらその魅力を随筆に著した。

　「ねえ君、不思議だと思いませんか」。寺田が中谷に問いかけたというこの言葉は、みずからが探究する世界に対する彼らの態度を端的に表している。彼らは「不思議」の発現の仕方とその理を科学的に解明しようとしたが、それは研究対象を含む世界の支配と操作を目指すものでは必ずしもなかった。その根底には、世界の多様な現れや潜在力への気づき、そしてそれを可能とする自然への憧憬と畏敬の念があったと思われる。センス・オブ・ワンダーとも言い換えられるこうした感性は、自然科学であると人文学であるとを問わず、研究を続ける者の内にあるものだろう。「不思議」への感性に富んだ寺田と中谷が、いずれも優れた随筆家でもあったことは注目に値する。また付け加えるならば、宇吉郎の弟である考古学者の中谷治宇二郎は、フランスに留学中、著名な民族学者であるマルセル・モースの講義を受けていた。

163

自然科学と人文学の間を自在に往き来するかのような中谷兄弟のひとりが、これらの領域の「あいだ」にあるともいえる民族学（文化人類学）に関わっていたことは、偶然ではないように思われる。

またもう一人、文／理モデルの限界について多大な示唆を与えてくれるのは南方熊楠だ。彼は粘菌について研究し、『ネイチャー』をはじめとする科学誌に論文を発表する一方で、夢に導かれて粘菌と巡りあい、自己と世界のありようをつくりだす「縁」について考えつづけた。寺田も中谷も南方も、科学的研究によって「不思議」の領域を縮減しようとするのではなく、科学的探究の深化に伴って「不思議」への感性をよりいっそう研ぎ澄ませていったようにみえる。人文学的研究の場合と同じく、自然科学的研究もまた常に自己と他者の関係性を通して導かれていくが、その「他者」は必ずしも人間であるとは限らない。そして自己との関係性において、人間ならざる他者が実験やコントロールの対象としての客体（object）を超えた存在になることはありうる。たとえば中谷にとっての雪の結晶や南方にとっての粘菌は、対象＝客体であるばかりではなく、あずかり知らぬ縁によって出会い、世界の潜在力と不思議を開示するものであった。

こうした自然科学者たちのありようは、科学の詩学の可能性を指し示している。科学の詩学とは、科学的知識とツールによって外的世界をどこまでも支配し操作しようとするのではなく、みずからの研究対象に魅入られ、相手に動かされながら相互的で創造的な関係性を築いていくような研究のあり方を意味する。それはまた、自己と世界との偶有的であり、自由にならないかかわり方に気づくことでもある。

ここから、「文理融合」という発想を転換する可能性がみえてくる。「文」と「理」を異質で対照的な領域として設定した上で、そのふた

第3章　われわれはどこへ行くのか

つを融合させるという発想を捨て去ること。その上で、人間と人間ならざるものを含む多様な要素がつながりあって構成される、偶有的で潜在力に満ちた世界の探究がすなわち科学であるという原点に立ち戻り、そこからともに考えていくべきではないだろうか。

　今日、さまざまな局面において、教育や研究の成果を数量的に提示することが求められている。数値化と図式化。こうしたグリッド化は、曖昧さを排して情報を可視化することで、その比較や操作を容易にする。だが、そうした手法は「科学的」であることと必ずしも同義ではない。科学の内にある芸術的要素や詩的な感性に目を向けることは、グリッド化とは対照的な、流体的で創発的な科学の可能性をひらくことだ。「不思議」を排するのではなく探究の原動力とし、自己と他者の情動的なかかわりを通して、みずからをとりまく世界を理解し再編していくこと。科学の詩学と人文学とが重なりあう、そうした領野を拡張していく可能性は大いにあるはずだ。

　「芸術は爆発だ！」という言葉で知られる岡本太郎もまた、中谷治宇二郎と同じくマルセル・モースに学び、芸術と民族学のエッセンスをその作品のうちに昇華させた。自然科学と人文学の「あいだ」の学問としての文化人類学は、世界の不思議に魅入られ、詩と芸術の魂をもった自然科学と人文学が結び合うために重要な役割を果たすにちがいない。その一端を担うような研究を進めていきたいと願っている。

いしい　みほ。京都大学人文科学研究所。主要業績：『環世界の人類学——南インドにおける野生・近代・神霊祭祀』京都大学学術出版会、2017年。

〈冷戦2.0〉と人文学の使命

佐藤淳二

過程（プロセス）としての〈冷戦2.0〉

1991年にソ連邦が崩壊し、冷戦というシステム（核戦力を軸にした主権国家群が、相互絶滅を避けつつテリトリー争いを続けるゲーム）もまた潰えるという期待は大きかった。確かに、〈冷戦システム〉から〈帝国〉への展開は、ついに到来した価値の全面的転倒の好機とさえ思えた。しかし、米国一人勝の時間さえ短時間で終わり、われわれは現在、いくつもの渦巻きの間を漂流しているかのように思える。およそ現代的な知に要請されているのは、まずはこの荒海の海図制作であろう。そこには幾つも巨大な渦巻きがある。際立つ世界市場の繁栄とグローバルな経済相互依存と「マネー」の泡立つ氾濫、諸主権国家の角逐と絶え間ない凄惨なテロと戦闘という巨大な渦巻き等々を見るだけでも、この荒海が、いわば〈冷戦2.0〉に見えてくる。だとすれば——朝鮮半島で現在進行するドラマの「結末」がどうあれ——東アジアは、米国の後退と中国の前進という歴史的な大国の興亡の舞台となる他ない。日本全体にとって〈冷戦2.0〉は、他人事ならぬ眼前の現実に他ならない。

〈冷戦2.0〉と文化システムとしての人文学

〈冷戦2.0〉の基本構造は、多数の諸システムが一つの「冷戦」を存立させ、逆に、この冷戦が諸システムに多様化する、多数と一者によ

第3章　われわれはどこへ行くのか

る巨大過程（メガプロセス）である。市場経済の一体化も、ソーシャルネットワークも、あるいは現実の戦闘も、残酷なテロさえも、そのどれもが、システムを束ねるこの巨大過程内の出来事である。そして、この巨大過程は、なお主権国家の諸テリトリーによって分断されている。過程でありながら、「外」と「内」とが物のように牢固に現れる。そこでの「外」は、実力による殺戮戦（無数の都市テロから生物化学・核兵器まで）であり、サイバー空間における不可視の戦闘であり、荒ぶる経済戦争（通貨・貿易戦争など）である。そして、「外」が成立する以上、そこに「内」が否応なく生成する。すなわち、データ処理の瞠目すべき技術を駆使した監視社会が、「内」の秩序を確保する。この「内」の統治は、そのまま戦争機械に接合し、「外」からの防衛に不可欠となる。〈冷戦2.0〉なるメガ過程が、リアルな生産とヴァーチャルな「生産」を重層的に展開する所以である。

　このメガプロセスの中で、理科系の研究は、近代科学そのものの性格として軍事と直結しており、「大学」という閉所から間もなく出て行くであろう。他方で文科系・人文学は、一見「役に立たない」大学の知だが、実は〈冷戦2.0〉に間接的に深く関与している。かつてジャン＝ジャック・ルソーは、一方で学問芸術を非難しながら、他方で戯曲を書くという矛盾を指弾された時、概略次のように答えた。文化は確かに人を腐敗させるが、それに熱中している間は、人は更に堕落した悪徳にはふけらずに済む、と。文化というシステムはまだましな「悪徳」として、一つの統治装置として働くのではないか、ひとまずそうルソーを現代風に解釈しておこう。だとすれば、群衆に突撃銃を向けて殺戮を目指す殺人犯も、同じシーンをアニメやゲームに描く創作家となっていたならば称賛された可能性もある。文化システムは、

167

現実に殺戮を減らし、重武装の警官隊に匹敵する社会防衛を「生産」し得るのだ。なんのことはないそれでは、主権ゲームのプレーヤーとして文化がイデオロギーを「生産」しているだけだと、言われるだろう。だが問題はその生産物ではなく、「生産様式」が含意するポテンシャルなのだ。人文学の生産のポテンシャルは、逆説的にも、〈冷戦2.0〉と人文学自身の使命に決定的に関わるはずだからだ。

人文学は「知のベーシックインカム」か？

繰り返すが、〈冷戦2.0〉は、電脳化され高度にネットワーク化された「冷戦」であり、単なる産軍学複合体ではもはやなく、極めて深い層に至るまで「統治」と接続し合体した一つの巨大な過程（メガプロセス）である。あらゆる技術は「役に立つ」ものはむろん、「役に立たない」ものまで含めて、この過程の夥しい流動・波動の合成として現れる。

この中でたしかにネオリベラリズム体制の行き着く先は、富の集中となる他ない。集中は格差を生み、格差は争いを生む。秩序維持は、ネオリベの生命線である。そこで、活動的な生活を保障するという発想、すなわち「ベーシックインカム」が出てくる。生身の人間は、資本の野放図な運動に振り回され、やがて文字通り放り出されるわけだが、その時の緩衝材として必要生活費を保証する必要が、反資本主義の立場からだけでなく、ネオリベの側からも出てくるというのは興味深い。ともあれわれわれは、失業を恐れずに、起業して利潤率を上げる方策を実験せよと、命令されてるに過ぎないのだ。全員のネットワークが実験し続けないかぎり、資本主義は完全に眠り込み、国家も死滅する以上、部分的混沌や外部性は、資本にとって必要不可欠なの

である。

　遅かれ早かれ、各個人が職場そのものを「起業」するよう促される社会が到来する。「労働力商品」は「マネー」のように流動化するのだ。そこで、全社会過程を通じての壮大な実験が絶え間なく続くから、昨日までの専門スキルが今日は何の役にも立たないという日々が到来する。ゼロからいつもやり直す社会は、常に研修を強制する。「リカレント」教育もその一環だ。そこで基本スキルつまりは「知のベーシックインカム」なるものが、しかし必要となるはずである。人文学はそこに統治生産装置として生き残る。だとすれば、そこでの「生産」のポテンシャルこそ、現在の人文学が構想せねばならない課題である。そのポテンシャルの全的な解放を目指すことが、〈冷戦2.0〉の表裏を転換することになるだろう。全員のネットワーク的な実験から、新しいものを生む。それは到来すべき人間にとっての、未知のセンサーを発見することであり、そのセンサーで全く新しい世界を配列することである。それ以外に人文学の「使命」を見出すことは困難だろう。

　さとう　じゅんじ。主要業績：①「孤独のアノマリー──事例オタネスとルソー政治思想」市田良彦・王寺賢太編『〈ポスト68年〉と私たち、「現代思想と政治」の現在』、平凡社、pp. 94-116. 2017年。②「都市感覚の論理学──街貌・傷跡・外」『情況』　第四期5巻（1）pp. 187-196. 2016年。③「主体についての逆説（パラドックス）──ディドロとルソーの俳優論への序説」『思想』（1076）pp. 251─268. 2013年。

自然の世界と人間の世界

瀬戸口明久

　科学と人文学のあいだには深い溝がある。科学は自然を対象とし、人文学は言葉をあつかうといわれる。あるいは科学は自然そのものから客観的な事実を導くのに対し、人文学は人間にとっての意味を読み解くといわれることもある。いずれにせよここでは、自然の世界と人間の世界のあいだに線が引かれ、両者はまったくの別世界とみなされている。科学と人文学のあいだの埋まらぬ溝は、このような世界の二分法にもとづいている。

　ここからは、科学についての二つの見方が生まれることになる。科学そのものから見れば、科学とは「真理」である。それは自然の世界に潜む法則を掘り起こしていく営みである。一方、人文学から見れば、科学とは「言葉」である。この数十年、科学史や科学社会学などの「科学の人文学」が明らかにしてきたのは、自然を対象とする科学がじつは人間の世界に属しているということであった。そこで強調されたのは、科学もまた、ほかの人間による営みと同様に「言葉」でつくられているということである。したがって科学の中にも、人間にとっての価値や意味、同時代の社会や文化、さらには政治や経済さえも深く浸透している。こうして科学は、自然の世界から人間の世界へと引き戻されたのである。

　これら二つの科学観は、しばしば激しく対立してきた。前者から見れば、世界はすべて自然である。人間の世界の出来事であっても、そ

第 3 章　われわれはどこへ行くのか

れは生物としてのヒトが引き起こす現象にすぎない。この科学観からすれば、ヒトをも含む自然の「真理」をひとつひとつ解き明かしていくことが科学の役割である。一方、後者から見れば、世界は「言葉」でつくられている。たとえ現在の科学において「真理」とされる理論であっても、別の時代においてはそうとは限らない。いかなる科学であっても、その時代の人間社会に規定されている。それをひとつずつあばいていくのが「科学の人文学」の役割である。このように科学と人文学のあいだの対立は、この世界が自然の世界か人間の世界かという二つの世界観のせめぎ合いでもあったのである。

　しかしこの数年、私はこの二つのどちらでもないやり方で考えるべきなのではないかと思うようになった。きっかけは3．11である。あのとき私たちは、圧倒的な自然の力の前では人間など小さな存在にすぎないことを見せつけられた。だがその一方で私が気づかされたのは、人間の力もまた、自然のすみずみまで行き渡っているということである。現代においては、私たちは地球上のあらゆる地点の自然の状態を、ほとんどリアルタイムで知ることができる。どこで地震が起こっているのか。津波はいつごろ到達するのか。放射性物質はどれくらい拡散しているのか。地球上には人間がつくりあげた観測のネットワークが張りめぐらされている。もちろん人間は、大きな自然の世界に包まれて生きている。その一方で自然もまた、人間の世界にすっぽりと包み込まれているのである。

　ここから見えてくるのは「流れ」としての科学である。自然の世界には、人間が投げかけた網が張りめぐらされている。それは人間がテクノロジーを駆使してつくりあげた観測のネットワークである。近代科学が生まれたころには、それはごくおおざっぱな粗い網にすぎな

かった。そこですくい取られていたのは、望遠鏡を通して観測された天体の運動ぐらいのものである。地球上の自然のほとんどは、網の目をすり抜けてこぼれ落ちていたといってよい。だが現代の世界においては、地球はきめ細やかな網目のネットワークで包まれている。そこではほとんどあらゆる自然がすくい取られる。大気の動き、海流の動き、物質の流れ、地殻の変動、その地域に生息する生物、すべての生物種の遺伝情報……。自然の世界のあらゆる出来事は、ヒトがつくりあげた観測のネットワークにすくい取られ、人間の世界へと注ぎ込まれていく。

　そこで自然は「言葉」に翻訳され、今度は人間の世界を流れはじめる。自然は「言葉」となることによって、さまざまな意味を持つようになる。それらの「言葉」は、翻訳を繰り返しながら、人間から人間へと次々と受け継がれていく。それはある人にとっては、自然の状態をあらわす単なるデータである。またある人にとっては、自然についての包括的なモデルや理論である。あるいは別の人にとっては、自然を操作する新たなテクノロジーを生み出すための材料である。科学は決して蓄積されない。それはただただ流れつづける。そしてそこから意味が干あがったとき、「流れ」は砂漠に水が浸み込むように消えていく。あとには膨大な量の「言葉」が残される。こうして紙の上に刻み込まれた痕跡は、図書館の奥深くに地層のように積み重なっていくのである。

　つまり科学とは、自然と人間、どちらか一方の世界だけに属するものではない。そもそも世界は、自然と人間の二つにわかれてはいない。科学という「流れ」が生まれて初めて、その上流が自然の世界、下流が人間の世界へと分断される。その水源は、自然の世界のすべてに網

の目のように張りめぐらされている。その水流は、人間の世界すべてに行き渡り、浸みわたっている。それはとどまることなく、いま現在も流れつづけているのである。

　では、このような科学のあり方について考えるとは、一体どういうことなのだろうか。それは「流れ」がよどんだ場所に生じる小さな渦のようなものである。とどこおりなく流れていく科学を前にして、立ち止まって考えはじめてしまう人間がいる。彼らは、渦から抜けだすための出口を必死で探し求める。ある者は「真理」という価値をつくりだす。またある者は、地層に埋もれた「言葉」を掘り起こし、そこにさまざまな意味を読み取っていく。こうしてつくられた新たな「言葉」は、もう一度、科学の大きな「流れ」へと投げ込まれる。すると、よどんでいた「流れ」はふたたび動きはじめ、いずれは渦も消えてなくなってしまう。

　だが私は、よどみの中に潜みつづけながら考えていきたい。それは決して「流れ」を外から観察するということではない。それは自然と人間の世界の全体について考えるということである。そしてそこで作動している科学とテクノロジーとは何か、問いつづけるということである。おそらくこの渦には出口などない。だが、そこから私自身の「言葉」が生み出されるとき、それはよどみに浮かぶ泡沫のように、ふたたび人間の世界を漂っていくだろう。

せとぐち　あきひさ。1975年生まれ。専門は科学史。主要業績：①『害虫の誕生』筑摩書房、2009年。②「境界と監視のテクノロジー」『情況』第四期・第2巻6号、2013年11・12月号。

私にとっての人文学

池田嘉郎

人文学の意味

人文学には意味があるのか、ないのか。人文学とは人間の人生の様々な側面について、あるいは人生総体について、どこまでも考えるということであろう。人間の人生はいかなるものであれ、それ自体に重い意味があるのだから、それについてどこまでも考えるということもまた、それ相応の意味をもっているのではないだろうか。たしかに人文学などなくとも、人間の人生はそれ自体で十全たるものだ。しかし、十全たるものについてどこまでも考えるということは、やはりそれ自体、意義深いことなのではなかろうか。

人文学に限らず、学問には全体として、人間の人生と関わる限りにおいて同じことがあてはまるように思う。その上でどの側面から人間について考えるかによって、おおまかな区分があるということになろう。世の中のあらゆる出来事は一回限りである。その一回限りの出来事が、比較的安定した型をもって連続するのが自然界であり、そうした場での事象や、それと人間との関わりについて考えるのが理系の学問ということになるだろう。これに対して文系の学問ないし人文学は、人の感情だとか、かつての出来事だとか、安定した型をもって連続することがより少ない、一般化しづらい事象から、人間について考える学問ということになるだろう。

歴史学の特徴

　私の専門は歴史学であるのだが、その一番の特徴は何であろうか。ひとまず過去を対象とするというところから考えてみたい。学問のうちには、対象とする事象がいつ起こったのかは中心的な意義をもたないものもあるだろう。それに対して歴史学は、研究者のいる時間的位置を現在として、そこから見た過去の事象を考察することが前提となっている。歴史学がこのように「過去を対象とする」こと自体は、積極的にそうでなければならない理由があるというよりは、むしろ好奇心のあり方という偶然によるように思われる。何を学問の対象とするかは詰まるところ好奇心によると私は考えるが、たまたま過去の出来事に好奇心を抱いた人たちが行なっていることを体系化したのが、歴史学ということになろう。

　しかし、「過去を対象とする」ことがひとまず所与の出発点としてあるとして、そのことは歴史学のあり方に、規定的な役割を果たすことになる。先述の通り、過去というのは研究者のいる時間的地点を現在と定め、そこから見てのことであるから、過去と現在とは時間の流れのなかでつながっている。そうではなくて、過去と現在とは切れているとか、存在するのは現在だけであるとか、時間は流れとしては理解できないとか、そのように考えることもできる。しかし、ここでは私の一応の認識として、過去と現在とはつながっているものとしておきたい。そのように、過去と現在とが時間の流れのなかでつながっているのであれば、過去のどの時点も、あるいは現在も、常に時間的な変化のなかにあることになる。私はこれが歴史学の一番の特徴であると考える。つまり歴史学とは、人間を時間的な変化のなかでとらえる学問なのである。

時間的な変化といっても、人々の考え方や社会の仕組みが目まぐるしく様相を変えていくとは限らない。むしろ、100年また1000年単位で、同じような様相が続くことの方がずっと多い。そのような場合でも、過去の一瞬一瞬は静止しているのではなく、不断の時間的な変化のなかにある。同様にして現在もまた、不断に変化する過去からの連なりのなかにあって、一瞬一瞬変化を遂げていく。こうした視角から過去を考え、さらには過去と現在との関わりを考えるのが、歴史学ということになるだろう。

　不断に変化する過去の諸相の内には、きわめて多様な社会の仕組みや、考え方や、出来事や、人々があった。そのうちのどれを研究者は主題とするのか。そこにはその人自身の物の見方や、同時代の思潮や出来事、それに史料状況などが大きく作用する。しかし、結局のところはこれもまた、各人の関心や好奇心が赴くところということになるのであろう。どのような時代のどのような事象を選ぶにしても、それらはすべて、意味があるという一点において等価である。一人一人の人生と同じで、過去のいかなる事象にも、それ自体に意味がある。

　人文学のこれから

　過去の事象はすべて等価であると書いたが、それは過去の社会とそこにおける学問の関係についてもあてはまる。学問や研究者が大事にされたときもあれば、苛められたときもあれば、放っておかれたときもあったわけだが、過去の諸相としては、みな同じだけの意味をもっている。同様にして、現在もまた、そうした等価の諸時代のうちの一つである。何が起ころうと、結局個々の研究者は、自分の好奇心の赴くままに、人間や社会についての探究を続ける。

第3章　われわれはどこへ行くのか

制度面では、今日の世界では様々なことが、人文学にとって不利な方向に動いているように見える。その動きをできるかぎり抑えて、よい方向に変えるように努めることは、研究者にとって自然なことであるし、後続の人たちへの責任でもあろう。とはいえ、そうした努力の必要性は、学問それ自体から出てくるわけではない。そうした努力は、学問が社会の一部として埋め込まれており、学者が社会の一員として生きている限りにおいて、社会との関わりにおいて果たす必要が出てくる責務であって、また、責務であるに過ぎない。いいかえれば、学問を取り巻く環境や制度を改善すべく努めることと、学問を行なうことそれ自体とは、原理的に別次元に属しているのである。よりよい環境は、あるところまでは全体としての研究水準を引き上げてくれる。しかし、それぞれの研究者が人間社会の本質にどこまで迫れるかは、最終的には個々の研究者の努力と資質に依拠している。なので私は、社会と学問との関わりがどうなろうと、学問それ自体はなるようにしかならないと思う。環境のいかんによらず、個々の研究者がその内面に好奇心を保って人間と社会を見続ける限り、人文学は続く。

いけだ　よしろう。1971年生まれ。主要業績：①『革命ロシアの共和国とネイション』山川出版社、2007年。②『ロシア革命——破局の8か月』岩波新書、2017年。③ Yoshiro Ikeda, 'The homeland's bountiful nature heals wounded soldiers : Nation building and Russian health resorts during the First World War,' in Adele Lindenmeyr et al., eds., *Russia's Home Front in War and Revolution, 1914-1922. Book 2. The Experience of War and Revolution*（Bloomington : Slavica, 2016）

人文学と創造性

大浦康介

　数年前から、ある私大の通信教育部でクリエイティヴ・ライティング（創作）の指導をしている。学生が書く小説の添削・講評と面接指導がおもな仕事である。小説家でもない私にこんなことをする資格があるのかと思わないわけではないが、学生より少しは経験知が多い小説の読み手として、また日本語の使い手として、助言できることはけっこうある。私のもともとの専門はフランス文学で、昨年春まで勤めていた大学では30年間、おもに仏文の学生を相手にしていたが、創作科で仕事をするようになって、仏文時代にはあまり経験することのなかった種類の「手ごたえ」を感じている。

　クリエイティヴ・ライティングは、いまでこそ一部の大学で教えられているものの、永らく大学の正規の教育科目としては認知されてこなかった。アメリカの大学ではじめて創作教育プログラムが実施されたのはおそらく1936年（アイオワ大学）であるが、実質的な展開は戦後を待たなければならない。イギリスでの嚆矢は1970年（イースト・アングリア大学）だといわれている。いずれにおいても初期は大学院レベルに限られていたようである。英語圏以外では、また伝統ある「一流」大学では、創作教育にたいする抵抗はいまだに根強い。大学の文学科で教えるべきは文学作品、それもできれば古典的名作の読みかた（リーディング）であって、作品じたいの書きかた（ライティング）ではないと多くが信じているからだ。書きかたを教えないわけで

はない。しかしそれはまさに「アカデミック・ライティング」と呼ばれる論文の書きかたである。ようするに、研究対象である作品にたいする研究者の言説のこの外部性、距離、「客観性」が、文学研究の学問性を大もとにおいて保証するのだと考えられてきたのである。

　研究対象にたいする研究者の言説の外部性は、それだけをいうなら、理系分野も含めた学問一般に共通する「学問らしさ」の根拠といっていいだろう。しかし、モノを対象とする理系学問とはちがって、人文学では往々にして対象そのものが言語的構築物である。その典型が文学研究だといえるかもしれない。しかも文学言語は、小説や戯曲の場合、虚構の言語ですらある。文学研究の「わかりにくさ」はそこにある。文学研究が一個の学問たりうるということはけっして自明のことではない。いや、「学問」であるか否かを問う前に、文学作品について論じるとはどういうことか、そこにどんな意味があるのか（社会にとって何の「役に立つ」のか）ということじたいが疑わしい。久しく燻りつづけていたこの疑念がにわかに再燃したのが昨今の「文系学部不要論」だという見方もできる。「不要論」の大きな標的のひとつは文学教育・研究だと思われるからである。

　文学研究は、19世紀以来、アカデミックな体裁を獲得するため、ひいてはその存在そのものの正当化のため、さまざまな試みを重ねてきた。「文芸学 Literaturwissenschaft」や「文学の科学 Science de la littérature」はその分かりやすい例にすぎない。ニュークリティシズムや構造主義から近年のポストコロニアリズム、カルチュラル・スタディーズ、ジェンダー論にいたるまで、文学研究は自足的な「内在分析」から〈社会〉や〈歴史〉の再導入という方向へと展開してきたといえるだろうが、「学」としての文学研究を根底のところで支えてき

た「実証性」や「客観性」を手放したわけではない。そしていま危機に瀕しているのは、おそらく、文学研究のこうした科学志向そのものである。自然科学をモデルとする近代的な学問概念を文系中の文系、「虚学」中の「虚学」にまで適用しようとしてきた「つけ」がいよいよ回ってきた、私にはそのように思われてならない。

　クリエイティヴ・ライティングの考えかたは古くかつ新しい。そこで動員される知は、まずは人生を可能性の相のもとでとらえる知である。人物造型やストーリー作りには何よりも「本当らしさ」（それらしい人物、彼が発しそうな言葉、ありそうな事件の展開）が求められる。これはアリストテレスが『詩学』で語った普遍性を志向するフィクションの知にほかならない。次にそれは、読み手の納得や感動をめざして動員される言語表現についての知である。これはじつは「配　置」や「言語表現」を柱とする旧修辞学の知でもある。修辞学は、西洋では、すでに中世の大学で文法学、論理学と並んで「三学」のひとつとされたもので、もともと大学教育の重要な一角を占めるものだった。クリエイティヴ・ライティングはまた、従来の文学研究そのものを活性化する可能性を秘めている。〈書くこと〉を学ぶことで、つまり読解に閉じ込められていた文学研究を創作に開くことで、〈読むこと〉じたいが能動化し、重層的になる。〈書くこと〉と〈読むこと〉のあいだにダイナミックな相互作用ないし循環が生まれるといってもいい。

　従来の文学研究において〈書くこと〉が創造性と切り離され、創作者（作家）と鑑賞者ないし解釈者（研究者）の「分業」が注意ぶかく維持されてきたとしたら、それは、少数の作家や知識人のみが書き、他の大多数はそれを読むだけという社会の構図を背景としたものでも

あったと思われる（批評家や研究者はいわば読者の代表だった）。ところがいまや、インターネット時代の到来で、そうした構図は完全に崩れてしまった。ことは読み書きの問題に限らない。読むだけ、見るだけ、聴くだけの時代は終わり、だれもが書き、撮り、歌い、奏で、公開し、発信する時代に突入したのである。真似ごとであれ、みんな創造にかかわりたいのだ。クリエイティヴ・ライティングがこうした時代のドラスティックな変化に後押しされていることは疑いえない。

　クリエイティヴ・ライティングはゆっくりと、しかし着実に地歩を築きつつあるように見える。日本でこれを学べる大学はいまだ少ないが（日大、早大、京都造形大、大阪芸大、近大など）、近年は専門学校でのコース開設も増えているようだ。この点では保守の牙城のように思われていたフランスの大学でも2010年代から創作教育は始まっている（トゥルーズ第二大学、ル・アーヴル大学、パリ第八大学など）。いまのところ（とくに日本では）芸術系学部での開設が多く、絵画、マンガ、映画などの制作と同列に考えられているようであり、文学教育のオルタナティヴとなるにはまだまだ時間がかかりそうだが、教育・研究への波及効果はそのうち現れてくるだろう。いずれにしても「シェイクスピアか観光英語か」などという呆けた議論をしている場合ではないことはまちがいない。

おおうら　やすすけ。1951年生。主要業績：①『フィクション論への誘い──文学・歴史・遊び・人間』（編著）世界思想社、2013年。②『対面的──〈見つめ合い〉の人間学』筑摩書房、2016年。③『日本の文学理論──アンソロジー』（編著）水声社、2017年など。

人文科学研究にまつわるゼロリスク

川合大輔

　現在、実際の成果のほどはともあれ、各大学における教育・研究の社会的還元の件でしばしばみられるのは、先端科学の名を冠した産学連携／産学官連携である。そして、社会的還元・先端科学・産学連携／産学官連携の三者が連れ立つ際にしばしば鍵概念となるのは、"リスク"である。

　ところで、この状況下において人文科学領域の研究は、先端科学・産学連携／産学官連携からはずされていることが珍しくない。もとより、人文科学領域における研究の成果は、自然科学・社会科学領域における研究の成果とは差異がある。とはいえ、人文科学領域の研究が先端科学・産学連携／産学官連携からはずされているのは、それだけ人文科学領域における研究の成果の社会的還元があやしまれていることを意味しているのではないか。併せて、リスクを伴うことは、ある面において先端科学の成果らしさを示すものであるから、人文科学領域における先端研究の成果は、先端科学の成果とみなされていないのではないか。

　このような考えは、あるいは第三者からの視点にすぎないかもしれない。だが、そのように考えて打ちやるのは危ういと思われる。というのも、従来における人文科学領域の研究では、倫理学などの一部の分野でときとして話題になることはあっても、概していえば、リスクや"自己再帰性"――ここでは、社会にとって有益な活動をおこなう

第3章 われわれはどこへ行くのか

ことが、同時に社会を蝕むという意味でもちいている——について、熟思してこなかったからである。換言すれば、人文科学領域における諸分野の研究者は、リスクについて考えることはあっても、みずからの言論あるいは研究の成果そのものはリスクと無縁であると思い込んでいるふしがあるからである。

　人文科学領域における研究の基本は、例外はあるにせよ、過去の思想や出来事あるいは制度一般をかえりみることである。もとより比較の視点も研究の基本である。ところで、将来の社会を構想することは、少なくとも現段階では研究の基本となっていない。そのため、人文科学領域における諸分野の研究者は、その成果の社会的責任を引き受ける意識が希薄である。盗作などの不正に最低限注意を払えば、どれほど非／反／脱社会的な研究の成果であっても、なんら問題視されない。まして将来の社会など、さながら野となれ山となれの如くである。

　周知のとおり「大学設置基準の大綱化」以降、日本の大学は変革期を迎えた。それ以前の「大学院設置基準の改正」も含めて〝平成〟の歩みは、とりもなおさず各大学における教育・研究変革の歩みとして記録されることになった。そして、その30年の歩みの結果として現在では、文系学部不要論／廃止論や人文科学研究の終焉論が出回る事態となった。

　事ここに至ってもなお、被害者意識に基づいて、文部省／文部科学省などの行政機関あるいはより広く国家機関を一方的に非難する人文科学領域研究者をしばしば目の当たりにする。彼らのような口ぶりは、道理上、みずからの言論あるいは研究の成果と上記の事態とがつながりをもたないと考えていなければ示せない。仮にその考えが正しいとすれば、人文科学領域において非／反／脱社会的な研究の成果が問題

183

視されなくなるのは自然の成り行きである。そして、ひるがえって、文系学部や人文科学研究が社会的に葬られようともやむをえない。その事態に非難を向けるのは道理に合わない。一方、仮に上記の考えが誤っているとすれば、それはすなわち、みずからの言論あるいは研究の成果の社会的責任を引き受ける意識が希薄であることを裏書きしている。

　いずれにせよ人文科学研究をとりまく現状は、斯学領域があますところなく葬られないようにするための手立てをまずもって催促している。訴求力のある手立てとして危なげないのは、これまでの叙述から考えて、人文科学領域における研究の成果の社会的還元を遂行するものである。ところで、その手立てにあっては、当然のことながら、非／反／脱社会的な研究の成果をこれまでどおり受け入れることはできない。併せて、みずからの言論あるいは研究の成果の社会的責任を引き受ける意識の養成が求められる。以上のことから、将来の社会を構想するということを人文科学領域における研究の基本に織り込むのが穏当である。

　なお、将来の社会を構想するときに避けられないのは、リスクと向き合うことである。既述のとおり人文科学領域研究者は、リスクについて考えることはあっても、みずからの言論あるいは研究の成果そのものはリスクと無縁であると思い込んでいるふしがある。それゆえに、俗にいわれる詭弁家も多い。そのような性状は、リスクと向き合いながら将来の社会を構想する研究の基本的立場においては通用しなくなる。そして、通用しなくなるにつれて、人文科学領域における研究の成果の社会的還元は前進していく。

　リスクは、将来の社会の構想についてまわる。将来の社会の構想は、

第3章　われわれはどこへ行くのか

研究の成果の社会的還元を手引きする。研究の成果の社会的還元は、非／反／脱社会的な研究をしりぞけるとともに、研究の成果の社会的責任を引き受ける意識を招きよせる。以上の図式にのっとった人文科学領域における先端研究の成果は、看過できない先端科学の成果として、他の学術領域から漸次提携を求められるはずである。産学連携／産学官連携からむやみにはずされることもなくなるはずである。

　仮に、なおもって文系学部不要論／廃止論や人文科学研究の終焉論が出回るならば、人文科学領域研究者は、そのように説く論者を諭さなければならない。人文科学領域における研究の成果をないがしろにするリスクと向き合っていないからである。

かわい　だいすけ。1979年生まれ。主要業績：① 『土田杏村の思想と人文科学――一九一〇年代日本思想史研究』晃洋書房、2016年。② 「1920年代日本における社会科学論の文脈――科学社会学の視点から読み解く」『年報　科学・技術・社会』第25巻、科学社会学会、2016年。③ 「1920年代日本における人文科学論の動向――科学の分類と系統についての言論を中心として」『科学史研究』第Ⅲ期第56巻．NO. 283、日本科学史学会、2017年。

人文学とグローバル化

「投資社会」論の可能性

坂本優一郎

　ヒト・モノ・カネの動きが国境を越えて地球大に広がることをグローバル化とよぶのであれば、現在はまさにその渦中にある。このような時代に人文学のありかたを考える場合、人文学がグローバル化をいかに理解するのか、という問いは避けられない。時間や空間を超える普遍性よりもむしろ、時代性や地域性といった個別性の摘出に価値をみる人文学は、グローバル化とは相性が悪いかもしれない。しかしだからこそ、人文学がグローバル化にどう対峙するのか、という問いは、一考に値する。ここでは、ヒト・モノ・カネのうちカネ、つまりマネーに注目して手がかりを探ろう。

　グローバル化の起点は視点によって変わる。経済から見ると、グローバル化は二度起こった。第一のグローバル化は、1880年代から1914年まで続き（「最初のグローバル化」）、ヨーロッパ諸国による植民地の拡大の急速化と呼応した。その後、二度の大戦、移民規制、ブロック経済、金本位制離脱、中国やインドの国際経済からの退場というかたちで反動が起こり、グローバル化は休止した。ところが1970年代にブレトン・ウッズ体制の崩壊や、福祉国家の行き詰まりによって市場や社会への介入が緩和され、1970年代末以降、ふたたびグローバル化の波が押し寄せる（「現在のグローバル化」）。

　マネーはグローバル化でどのように動いたのか。「最初のグローバル化」でも「現在のグローバル化」でも、マネーの多くが証券投資を

通じて移動した。「最初のグローバル化」では「資本輸出」、すなわち
植民地政府やインフラ、植民地で事業を営む会社の証券への投資が多
くを占めた。「現在のグローバル化」では、ヘッジファンド・投資銀
行・投資信託を経由した投資が多く、債券や株式以外にもデリバティ
ブや通貨、現物なども投資対象に含まれる。

　こうしたマネー中心のグローバル化の語りに加えて、人文学はどの
ような像を打ち出せるのか。投資という行為の主体である投資家とグ
ローバル化との相互関係が、その手がかりになる。

　投資家たる彼ら・彼女らは、二つのグローバル化の開始とともに突
如、投資を始めたわけではない。債券への投資はすでに中世イタリア
で見られ、1602年には連合東インド会社が史上初の株式会社としてオ
ランダで設立された。

　投資家が多数誕生した契機は何か。それも二つのグローバル化で初
めて起こったのではない。それに先立つ戦争なのである。近年、西欧
の中世後期から近世にかけて政治や社会の秩序の連続性が強調されつ
つあるが、この「中近世」の政治秩序が近代のそれへと転換してゆく
時期に、ヨーロッパ大陸内外で戦争が多発した。とくに17世紀末から
19世紀初頭にかけての「長い18世紀」にヨーロッパ諸国で起こった戦
争の影響は見逃せない。兵器の革新や戦術の変化によって戦費が莫大
な金額に膨張し、新たに誕生した主権国家を悩ませた。活路として見
出されたのが信用であった。加えて、「長い18世紀」前半は、資金は
潤沢だが投資対象に欠けていた。現在の日本に類似した状況である。
ロンドンやアムステルダムで2～3％という史上最低水準の金利を記
録した当時、相対的に有利かつ安定的な投資先となったのが、戦費に
悩む主権国家であった。国債は戦争の手段として生まれ、後に平時の

諸目的に転用されたのである。

　どのような人びとが、主権国家を信用したのか。イギリスでは、「長い18世紀」末期には40万人前後の人びとが国債を保有した。その半数は商店主など中流の人びとであった。寡婦や未婚女性が２〜３割、老人や孤児も数多く含まれた。こうした人びとは、コンソル公債の定期的な金利を生計の糧とした。学校・教会・慈善団体など社会基盤となる組織の基本財産も時に国債のかたちをとった。

　二つのグローバル化の時代からより長期におよぶ視点へ、市場から社会へ、マネーから人間へ、それぞれ視点を移してみよう。グローバル化に先立ち、国家の信用によって社会的な「弱者」たちの生存手段や、各種団体の基本財産の運用先が提供されたことがわかる。国家の信用を基軸に金利秩序が構築されるとともに、信用が社会にビルト・インされ、投資家が投資で相互に結びついた。近世末期に勃興したこの社会を「投資社会」と呼んでおこう。

　「投資社会」は誕生した瞬間から内部で国境を相対化する空間であった。イギリスの場合、国債保有者のすくなくとも１割は外国人であった。「投資社会」は誕生後数十年でヨーロッパ全土に拡大し、公信用に活路を求める政治体を金利で価値を表象された投資対象として空間内に取り込んでいった。その結果、「投資社会」は膨張してゆく。二つのグローバル化はその延長線上にあり、世界最大規模の債務主体たる日本国は、その典型的な帰結のひとつとなった。

　「投資社会」論が人文学を通じてグローバル化をとらえる視座だとすれば、個人の生の営みからグローバル化に迫る論点として、いくつか挙げることができよう。女性とグローバル化。すなわち、二つのグローバル化と女性保有資金や女性のライフサイクルとの関係の推移

史・比較史。福祉とグローバル化。すなわち、「投資社会」と社会的弱者の長期的な関係。

　グローバル・ヒストリーの問題点として、人間存在がしばしば忘却されるだけではなく、グローバルな空間を動かぬ与件としがちな点があろう。何が空間を構成するのか、それによって個人の生がどのような影響を受けるのか、という論点を抜きに「グローバル化」にアプローチしても、空疎な分析に終始し本質に迫ることは難しい。

　国家の信用を基盤に、負債を資産に変えることで資本主義を成立させた「投資社会」は、あくまで名と顔のある個人から構成された社会である。グローバル化は「投資社会」の連続性の中で相対化できる。そのうえで、個人の生というミクロな状況とグローバル化というマクロな構造とを有機的に連結させることが、人文学によるグローバル化へのアプローチとして認められるのであれば、「投資社会」論はその手がかりのひとつとなるだろう。

　さかもと　ゆういちろう。主要業績：①『投資社会の勃興――財政金融革命の波及とイギリス』名古屋大学出版会、2015年。②「女性・公債・文化――ヴィクトリア時代の投資と投機」『ヴィクトリア朝文化研究』15号、2017年、5 -24頁。③「戦債と社会――公債の民衆化」山室信一・岡田暁生・小関隆・藤原辰史編著『現代の起点　第一次世界大戦　2総力戦』岩波書店、2014年、107-132頁。

南アジアの歴史人類学

田辺明生

　人文学がめざすのは、人間の〈生のかたち〉についての知──認識・想像力・構想──をより豊かに深める、ということであるように思う。人間の生きてきた世界と生活経験について豊饒で透徹した認識をもち、他者と過去・未来への想像力を育むことによってはじめて、わたしたちは人間としてどのように生きたいのか、どのような世界で暮らしたいのか、そのためには何が必要なのか、という構想をもつことができるようになる。つまり、人文知にもとづいてこそ、わたしたちは、人間と世界についてのヴィジョンをもてるようになるのだ。

　わたし自身は「南アジアの歴史人類学」を専門としている。以下では、わたしがこの研究をつうじていかに人文学に貢献したいと考えているかについて記したい。

　まず人類学とは何か。人類学とは、フィールドワークを通じて他者を理解しようとする学問であり、それを通じて、「人間とは何か」という限りない問いに答えていこうとする営為である。フィールドで他者と共にある経験は、自己の〈生のかたち〉への問いかけ、また新たなものの見方の内面化へとわたしたちを導く。それは、他者とのつながりにおける自己省察と自己変容そして自己の多元化の過程である。

　他者の生を理解するためには、その生の固有のありかたを把握するだけではなく、その深部にある普遍的なるもの──人間の生の根源からの響きだろうか──を感じ、それに触れ（られ）、自らが突き動か

第3章　われわれはどこへ行くのか

される過程を経ることが必要である。また逆に、別のときには、人間存在の究極的な普遍性に信をおきつつも、他者のわからなさのまえに頭を垂れる謙虚さも求められる。

　フィールドでわたしたちは感動することがある。ときには圧倒的に、ときにはしんみりと。それは、最初はことばにならない感動である。しかしそうしたさまざまな心に残る経験を身体に蓄積しながら暮らしていると、それらはだんだんと熟していき、何かがわかってきた、という実感を得るようになる。そのときフィールドワーカーは、何か普遍的なるものを、固有なる他者の生の根底において、また自己の根底とのつながりにおいて、直観しているのだろう。それは、それまでの主体性のありかたが揺り動かされ、自己自身が変わっていく経験であり、自らのうちに潜在的に有していた他性と多性を発見していく過程でもある。この〈自‐他〉の交わりをつうじた〈固有‐普遍〉にかんする直観と発見を言語化・概念化し、人文的な知の文脈のなかに置きなおすこと——これが人類学のエッセンスである。

　歴史人類学は、こうした人類学の営みにさらに歴史性という軸を加えようとする。それは、人間の〈生のかたち〉に内包される歴史性——集合的な経験とその概念化の営みの蓄積——を明らかにする試みである。日常生活は身体的に反復されるものである一方、意味ある出来事については反照的に概念化され、参照点としてわたしたちの行動に影響を与える。こうして、わたしたちの日常生活は反復性を保ちつつ、歴史的な変化を遂げている。歴史人類学は、〈生のかたち〉をかたちづくる意味と関係性のパターンがいかに形成されそして変化していくのかを、日常性と歴史性そして身体性と概念性の相互作用に注意しながら描く。

人間の〈生のかたち〉はさまざまに異なる。そこではまず個人や民族があって、それらの主体がさまざまな生のかたちをつくるのではない。人間と環境の相互作用において特定の生のかたちが空間的・関係的に構築され、そこに固有の行為主体（エージェント）のあり方ができていくのである。歴史人類学においては、行為主体性（エージェンシー）の固有性に着目したうえで、それが特定の環境のなかでいかに歴史的につくられ、歴史的変容と関わっていくか、そして行為主体性自体がいかに変わっていくかを問おうとする。

　歴史人類学の重要な課題は、世界の概念化・制度化にもとづくシステムの支配が進むなかで、さまざまな〈生のかたち〉がもつ潜在力を明らかにしていくことであろう。必要なのは、諸地域の歴史のなかで実際に現れてきた多様なる〈生のかたち〉の根底にある普遍的な意味――イデオロギーや経済的利害に還元されない生の豊かさの源泉――を明らかにしていくことであるように思われる。つまり、わたしたちの歴史経験の内側からあらたな潜在的可能性を発見していくことだ。

　わたしはこうした歴史人類学を、南アジアを舞台に行ってきた。そこで焦点のひとつになってきたのが、西洋とも東アジアとも異なる、南アジア型の発展径路があるのかという問いであった。これは世界史を多元的な空間の連鎖と比較のなかでとらえる試みの一環である。

　世界の発展径路については、資本集約的に効率性を追求する西洋型径路に対して、共同体的な協力による労働集約的な東アジア型径路が論じられてきた。これに対して南アジアでは、労働（人間と自然の相互作用）の成果を、さまざまな集団――宗教・エスニシティ・カーストなどによって分かれる内婚集団――ごとに専門化した知識・技術・文化のかたちで社会的に蓄積し、分業と分配をつうじて全体の豊かさ

第 3 章　われわれはどこへ行くのか

をめざすような固有のありかたが発展してきた。この南アジア型径路は、「多様性接合型」とでも呼べるようなもので、人間の生き方の複数性を否定することなく、多なるものの生存を確保しながら、それらの交差と共在が社会全体の豊かさを増すようなしくみを歴史的に模索してきた。むろんその実際は、ヒエラルヒーや差別といった否定的側面を抱えてきたことはいうまでもない。ただ南アジア型発展径路を考えることは、より多くを生産するために人間はいかなる社会をつくってきたのかという問いに代えて、人間はいかに他者の存在を歓びと豊かさの源とできるのかという、おそらくはより重要な問いを、世界史研究そして人文学に与えるものであるように思われる。

　これからわたしは、諸地域のグローバルなつながりと差異に着目した歴史人類学を探究していきたい。とくに日印欧米の四つの地域に着目したいと考えている。固有で多なる現れに着目するとともに、それらを支える地球的なつながりをもみること。これを通じて、現在のグローバル化を世界の一元化としてではなく、世界史における複数的なるものの交流と相互作用の緊密化の過程としてとらえ、多が賑わいながら根底で一つに連なるような、新たな世界を開くためのヴィジョンを模索できればと夢想している。

> たなべ　あきお。主要業績：①『カーストと平等性——インド社会の歴史人類学』東京大学出版会、2010年。②『現代インド1——多様性社会の挑戦』（共編著）東京大学出版会、2015年。③『歴史のなかの熱帯生存圏——温帯パラダイムを超えて』（共編著）京都大学学術出版会、2014年。

語りとジェンダー

「小さな物語」のなかの戦争体験

林田敏子

　大学に教員として籍をおくようになって15年以上が経つ。歴史にも西洋世界にもさほど関心をもたない学生を前に、どうしたら授業に耳を傾けてもらえるのか、どうしたら歴史を「おもしろい」と思ってもらえるのか、常に考え続けてきた。その答えはまだ見つかっていないが、一つだけはっきりしているのは、「今」と「未来」に何らかのかたちでリンクするところがあれば、学生は驚くほどの関心を示してくれるということである。時間も空間も遠く隔たった世界に、私たちと何ら変わらない「普通の」人びとが暮らしていた。彼（女）たちが生きた痕跡をたどり、その声に耳を澄ませることで、その時代、その社会を少し違った角度から眺めてみる——このシンプルな営為こそ、私が学生とともに積み重ねてきた歴史研究である。

　トランスナショナルな視点の導入、学問領域をも横断する「知の総合」が叫ばれる昨今、歴史学では客観性や実証性の確保が困難な「パーソナルなもの」にあえて注目しようとする動きがある。とりわけ大きな関心を集めているのが、手紙や日記、回想録など、一人称で書かれたエゴ・ドキュメントである。パーソナルな語りを、「私」という主体が構築される過程ととらえ、「私」が社会と取り結ぶ関係性を通して、語りの背後にある歴史認識に迫ろうとするものである。主観的な語りのなかにも、他者への共感や反発といった外部世界との接点は必ず存在する。パーソナルな語りによって紡ぎ出される「小さな

物語」は、その背後にある「大きな物語」とどこかでつながっている。語り手は、外部世界や自分自身との対話を通して、ときに変化し、ときに妥協し、ときに矛盾を抱えながら自己を立ち上げていく。語り手の「小さな宇宙」のなかで、個々の出来事や経験がどう呑み込まれ、どう解釈されたのかを通して、歴史を描き出そうとする試みである。

　人は、先行する同種の語りを意識せずに自らの経験を語ることはできない。また、自らが経験した事柄が十分に「歴史」になった（解釈や評価の対象となった）と感じたとき、支配的な歴史認識を意識せずに語ることもできない。たとえば労働者階級女性の語りは、「男性の」あるいは「上・中流階級の」語りを常に意識している。先行する語りを補完するにせよ、否定するにせよ、これを前提にせざるをえないという意味で、「小さな物語」は「大きな物語」の呪縛から逃れることはできない。しかし、そうした呪縛のなかにこそ、個と社会との相克を読み解く鍵がある。個々の語りのなかに織り込まれた支配的な価値規範に目を凝らし、それとの軋轢や矛盾をあぶり出すことで、既存の歴史認識に何らかの修正を迫ることが可能となる。

　戦争体験という語りの場合はどうであろうか。語り手の階級（社会階級および軍隊内階級）が上がれば上がるほど、戦争を客観的にとらえようとする傾向は強くなる。時系列にそって、できるだけ正確に事実関係を「記録」しようとするこうした語りには、確固たる「事実」のなかに自らの経験を位置づけることで、そこに何らかの意味づけをしようとの意図が強く働いている。私が今、読み進めているのは、兵士として戦闘に参加したわけでもなく、戦時組織のなかで指導的な地位にあったわけでもなく、特殊な仕事や任務を果たしたわけでもない、「普通の」女性たちの語りである。性別と階級によって二重に周縁化

された女性たちの語りは、どこか自信なさげで、戸惑いに満ちている。

　彼女たちの語りにはいくつかのパターンがある。自分が何を期待されているかを強く意識した「従順な語り」、先行する語りの型を踏襲した「パターン化された語り」、他者との相違点を強調し、自らが語る意義を前面に押し出した「独創的な語り」、そして自らの経験（あるいはそれを語ること）に明確な価値を見出すことができない「消極的な語り」である。「普通の」女性たちの語りに消極性や戸惑いが多く見られる事実は、彼女たちが戦争に関する支配的かつ男性的な語りを内面化していることと無関係ではない。

　ノートの切れ端や、けっして良質とはいえない紙に綴られた短い回想録には、活字化されたものにはない「何か」がある。鉛筆の芯の粉が残る便箋からは、書き手の緊張感や逡巡だけでなく、覚悟や決意までもが立ち上ってくるかのようだ。自らの語りに価値があるとは思えないまま、自らの戦争経験が歴史として記録／記憶されるにふさわしいとは思えないまま、言葉を発した女性たち。彼女たちの語りが同時代においてもった意味と、長い時を経て、「今」もつ意味とは当然異なるだろう。一人の人間が目の前の便箋と向き合ったとき、博物館のキュレイターがそれをコレクションの一部に加えたとき、そして100年後、研究者がそこに歴史史料としての価値を認めたとき、「語り」は異なる意味をもつ。人が生き、考えた痕跡は、時代や文脈によってさまざまな解釈を与えられながら「未来」を生き続ける。

　個々の語りは「大きな物語」を織り上げる糸、あるいは「大きな物語」に修正を迫る石ころにすぎないのかといえばけっしてそうではない。それは、典型から逸れれば逸れるほど、「大きな物語」を書き換える力をもつ。大文字の「戦争の歴史」への違和感から、これを修正

ないしは破壊しようとする語りが出てくることもある。「大きな物語」とのズレから姿を現した「葛藤する私」は、いったい何を語るのか。彼（女）らが繰り出す言葉は支配的な語りに対する挑戦であり、かつ歴史そのものへの挑戦でもある。こうした挑戦は自己を立ち上げる契機となるだけでなく、「大きな物語」にはない新たな主題を生み出す可能性をもっている。

　既存の物語の枠におさまってしまうような語りは、前者を補強するエピソードでしかないが、逸脱や矛盾に満ちた物語が、まったく別の物語を立ち上げることもある。語りのスクリプト、すなわち、「パターン」や明確なストーリー性をもたない語りには「大きな物語」を超えていく力が秘められている。これを例外や逸脱として処理するのではなく、その背後に、語り手が重視する別の世界があるかもしれないと考えることで、パーソナルな語りがもつ可能性は広がっていくだろう。上・中流階級の男性を中心とする大文字の大戦史、総力戦を支えた女性たちの活動に焦点をあてた制度史・運動史・社会史、そして言語論的転回を経て誕生した新しい文化史、こうした先行研究の「層」を踏まえたうえで、個々の語りの「内側」から歴史を描くこと。これが今、私が目指している「学問のかたち」である。

はやしだ　としこ。1971年生まれ。主要業績：①『戦う女、戦えない女——第一次世界大戦期のジェンダーとセクシュアリティ』人文書院、2013年。②『近代ヨーロッパの探求　警察』（共編著）ミネルヴァ書房、2012年。③『イギリス近代警察の誕生——ヴィクトリア朝ボビーの社会史』昭和堂、2002年。

現代世界における「広義の軍事史」

政治への提言をめざして

布施将夫

　現代の始点とされる第一次世界大戦の休戦から100年以上経過した現在でも、日本を取り巻く東アジアを含む全世界では、戦争や紛争の火種は恒常的に存在する。それゆえわれわれ人類は、人間の生命や安全を保障するはずの国防や軍事、戦争といったことを常に念頭において行動すべきであろう。とりわけ日本人は、「水と安全」を無料と感じていると言われがちなので、自覚的に国防を考え、行動すべきである。そうしなければ、核兵器を人類がすでに広く保有している状況のもと、気づかぬうちに滅亡の危機に瀕する危険性があるからである。

　とはいえ日本の学界における軍事史研究は、第二次世界大戦での敗戦後とくにタブー視され、あまり蓄積されてこなかった。最近ようやく、近代までの欧州の軍事史については日本でも研究が進み始めている。その一例として、2001年に発足した「軍隊と社会の歴史研究会」（略称、軍社研）があげられる。軍社研が掲げる、従来の実用的な戦略研究にばかり囚われない「広義の軍事史」という視点を、現代の全世界にまで、そして政治や経済、文化といったさまざまな領域にまで広げていくべきではなかろうか。すなわち、研究対象の時期や地域だけでなく、分野をも広げるべきだろう。そうすれば、「戦争は政治の道具である」というクラウゼヴィッツの箴言をこえて、戦争や軍事の研究・教育が、国民の声を介して政治にまで逆に提言し、それが実現されることも期待できよう。

第3章　われわれはどこへ行くのか

　この「広義の軍事史」の例として、さまざまな紛争の後に生じる賠償要求をめぐる政治状況について簡単に紹介したい。第二次大戦中、アメリカやカナダで強制収容された日系人は、比較的少額の金銭と両政府の公式謝罪を組み合わせた補償を1970年代以降に要求し、その獲得に成功した。しかし同じ頃、公民権運動以後のアフリカ系アメリカ人は、過去の奴隷制に対する賠償として巨額の金銭ばかり要求しすぎ、政治上、結局失敗し続けている。一方、国家間賠償の場合でも、第一次大戦後のドイツに対する重い損害賠償要求がドイツ国民に強い怒りを生み、ナチスや第二次大戦を誘発したとされる。ここから戦後のナチス弾劾まで怒りの連鎖反応が続いた。後二者の事例は、「歴史の過剰が生けるものを害する」というニーチェの憂慮が的中したように見える。それゆえ、国際社会で日本が生きていくためには、生けるものの弱体化を招きかねない過去を破壊し、解体する力をももちあわせねばならない。すなわち、歴史を検討する際、それが過剰にも過少にもなりすぎぬよう、歴史学に限られずに諸学問のバランスが取れた多角的な考察が必要になろう。

　具体的に考えると、次のような諸学問の活用が推察できる。前述のような歴史に関わる賠償の研究の場合、アフリカ系アメリカ人への補償額を説得力ある形で算出する時に経済学の利用が必要となる。法廷や社会における彼らの賠償要求闘争の現実的な成功を検討するには、法学や政治学の手法が欠かせない。ナチスに関する研究は、すでに汗牛充棟の様相を呈しつつ今もまだ非常にデリケートなものであるが、国際政治学や文化史のみならず、人間の本性を問う行動科学や人類学の援用も必要ではなかろうか。なお実は、行動科学や人類学自体、いわゆる文系と理系の垣根を越えた総合的な体系をもつ学問であった。

199

以上のような「広義の軍事史」研究は、専門化を求めるあまり、細分化されすぎてきた従来の研究体制を「人文学」のなかで新たに綜合する可能性をもつ。なおさしあたり、ここでは「人文学」を、歴史学や政治学、経済学といったいわゆる文系の人文・社会科学を隣接領域と共に大きく包含するものとして捉える。以前の諸「科学」に分割された研究体制は、熟成した研究成果をあげてきたものの、各々の成果を一つに統合しそこねてきた。「広義の軍事史」研究は、熟成した各研究成果というメリットを結びつけ、一般社会への知識の普及に役立つのではないか。ひいては、既存の学問によりディシプリンが異なるという難しい問題はあるが、もしそれを乗り越えられれば「人文学」という新しい巨視的で総合的な研究体制を確立しうるのではないか。このように新しい研究・教育体制ならば、専門的な個別研究のスペシャリストだけでなく、彼ら研究者を統括しうるスペシャリスト兼ゼネラリストをも養成できるであろう。

　またこの新体制は、学問の専門化だけでなく総合的理解も促すため、教育面で活用されれば、過去の戦争や軍事に対する日本国民全体の無理解や認識不足を解消し、全国民の生存に資するはずである。学問の総合的理解を促す「人文学」体制は、もちろん、リベラルアーツ教育や教養教育の中身を充実させるうえで役に立つ。加えて「人文学」体制は、諸学問の最新の研究成果を結合しているので、学知の更新を目的としたリカレント教育や生涯教育に有益であろう。来日した留学生には日本の立場を伝えられる可能性も考えられる。したがって、国民の多くが「広義の軍事史」を適切に理解して政治に発言すれば、政府の対外的発言も変化し、国際社会での日本の立場も改善されるのではなかろうか。これこそ、真の意味の民主主義だと考えられる。なぜな

ら、「魂なき専門人」（ウェーバー）とは対照的に、国民各人が国のあるべき姿や自らのなすべき善を考える「魂の配慮」（ソクラテス）が果たされることになるからである。ただし、「すぐ役に立つものは、すぐに役に立たなくなる」ともよく指摘されるので、「広義の軍事史」研究や「人文学」体制の性急な完成だけは厳に戒めるべきであるし、期待すべきでもなかろう。

参考文献
ニーチェ『反時代的考察』小倉志祥訳、ちくま学芸文庫、1993年、148頁。
鈴木直志『広義の軍事史と近世ドイツ』彩流社、2014年、第一章。
布施将夫「ジョン・トーピー著、藤川隆男他訳『歴史的賠償と「記憶」の解剖
　　──ホロコースト・日系人強制収容・奴隷制・アパルトヘイト』（法政大学
　　出版局、2013年。xv＋318頁。）」『西洋史学』第253号、日本西洋史学会編、
　　2014年、87〜89頁。

ふせ　まさお。京都外国語大学外国語学部教養教育准教授。1971年生まれ。主要業績：①『補給戦と合衆国』松籟社、2014年。② G・カート・ピーラー著『アメリカは戦争をこう記憶する』島田眞杉監訳、布施将夫・岩本修・藤岡真樹・森山貴仁・金子典生訳、松籟社、2013年、第二章（73-145頁）。③「十九世紀アメリカ海軍の教育制度──海軍兵学校の規律重視から海軍大学校の効率重視へ」『海洋国家アメリカの文学的想像力──海軍言説とアンテベラムの作家たち』中西佳世子・林以知郎編、開文社出版、2018年、49-73頁。

空間学と思詞学への復初

山室信一

　思想は、どのような人と人の繋がりの中で生まれ、次にはその思想が人と人をいかに結びつけ、社会・制度のあり方を変えていくのか——この問いに対する作業仮説として私は思想連鎖という視座を提示してきた。その思想連鎖が生じる場は、ローカル・ナショナル・リージョナル・グローバルという４つの空間層を巡る水平的な交流と、１つの社会内での垂直的な回流との交錯として設定され、そのいずれにおいても相互に影響を与え合うことによって生じる文化変容に着目することが重要であるように思われる。

　こうした思想連鎖を追った上で仮説として提示したのが、図示したような平準化・類同化・固有化をめぐる連環と普遍性との関連である。この３つの志向性が生じた歴史的事実と意味については、『思想課題としてのアジア——基軸・連鎖・投企』（岩波書店、2001年）で跡づけたが、そこでグローバル性を敢えて平準化としたのはそれが普遍性と必ずしも同視できないためである。

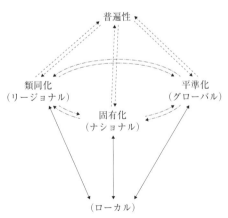

この事実を重視するのは、人文学の最重要課題が「人類文化にとって、普遍性とは何か」を明らかにすることにあると考えるからである。もちろん、永久不変の普遍性を提示することはできない。それは研究者自身が、時間的・空間的な存在拘束性をもっており、それが価値前提として研究を規定しているからである。そして、そのことを自省し、相互に啓発するためにこそ人文学の存在理由はある。

以上のような見方を踏まえ、今一度、私自身の研究を原点に帰って再考するための探求領野として想定しているのが、空間学と思詞学である。空間学は三部で構成されるが、その第一部は、『思想課題としてのアジア』として公刊した。そこでは「アジアという空間」がいかなる学知や概念を「基軸」にして捉えられ、留学や翻訳などによっていかに「連鎖」し、さらにどのような空間としてあるべきかという「投企」として現れたかについて検討した。

それを承けて、第二部として「空間形成史」を、第三部として「空間心性史」を準備している。そのうち「空間形成史」については、「国民帝国・日本の形成と空間知」(『岩波講座「帝国」日本の学知──空間形成と世界認識』2006年)でその目的と方法について概略を示した。今後は地理学や地質学などの学知と「統治様式の遷移」や「統治人材の周流」などの実態を明らかにすることを通して、総体としての「国民帝国」日本の興亡と併せて描出していきたい。また、「空間心性史」については、人々がどのような伝説や逸話そして芸能・大衆演芸さらには詩歌・流行歌・童謡・映画・漫画などを通して空間についての暗黙知を内面化していったのかを跡づけていくことになる。

こうした空間学の体系化とともに、新たな課題としてせり上がってきているのが、生活世界における思想の生態をどのようにすくい取っ

ていくか、という現場知（ローカル・ノレッジ）の問題である。その現場知に焦点をあてる研究の一事例として、「環地方学 Relocalogy（リーローカロジイ）」という方法を提起した。これは特定の地域空間において人々がいかにして外部空間を認識し、活動の外延を押し広げていったかという歩みを追うものであり、そこから「ローカルな生活空間は、国境などのボーダーを突き抜けてリージョナル・グローバルな空間に開かれている」「世界の中に地方があるのではなく、地方の中に世界が凝縮して現存する」といった仮説的テーゼを引き出した（『アジアびとの風姿』人文書院、2017年）。

　この現場知としての「環地方学」は、いわゆるグローバル・ヒストリーとは対極的に、「地べた」からの視点を採る。「環地方学」においては、生活人としての生業の場とそこでの言動から生まれてくるトランスボーダーな繋がりこそが重視される。確かに、為政者・軍人そして資本家・事業家などの活動の結果として、グローバルな歴史が形成されてきたことは否めない。だが、生活世界のレベルでは、国境などの境域とは無関係に相互交渉が進んできた。もちろん、差異を押し立てて分断や敵対関係が生まれるのも生活世界であり、現場知も方言や風習などの言語や文化の特異性に着目しなければ始まらない。

　そして、言葉や文化の相違に着目して人間とその社会を解析するのが人文学研究であるとすれば、人文学の蘇生と新たなる展開を試みるためには、起点としての言葉に立ち返って考え直すことが必須の作業となる。ここに空間学と密接に結びつくもう一つの現場知として思詞学が要請されてくる。

　この思詞学という研究領野は、思想連鎖研究を進める中で必然的な課題として立ち現れたものでもある。すなわち、欧米から日本へ受容された言葉や概念は、翻訳という作業を経て自国語化されたが、漢字

を使用した鋳造語であったことによって東アジア世界に波及していった（前掲『思想課題としてのアジア』）。こうした水平的連鎖とは別に、社会環境の変化に即応して生まれた「モダン語」や俗語などが人々の生活世界のなかでいかなる作用を果たしていったのか——その「平談俗語」間に現れる連鎖現象＝挑文を考察するのが、思詞学である。

　思詞学が従来の概念史と異なるのは、１つの概念の変化を追うのではなく、「言葉の系統樹」として生成を捉えることにある。それは先ず特定の観念や概念を幹として設定し、そこから枝を見いだし、葉が生じていくイメージとなる。例えば、人間のみならず生命あるものを含めて考える言葉として、「衆生」に着目してみるとき、「衆」からは民衆や大衆や群衆や公衆などの言葉が、あるいは衆議や衆望や衆愚などの言葉が生まれ、それが人間関係の捉え方や社会構造を方向づけたことが明らかになる。さらに群衆心理とそれに関する学知などにも目が向く。また、「生」からは衛生や民生や厚生そして生存権・生活権などの社会問題や国制・権利にかかわる言葉が生まれ、さらには優生という語からは社会的隔離や断種手術などの施策が生じた。

　こうした言葉のもつ社会的駆動力を確認し、次いでその言葉が息づいた「現場としての時空間」を改めて空間学の対象として分析し、更にそこにまた新たな思詞を見いだす……といった思考実験の円環は、決して閉じて終わることはない。「永久の未完成これ完成である」（宮沢賢治）。そして、「苦痛をも享楽する」ことには秘かな自恃も孕まれている。

やまむろ　しんいち。1951年生まれ。主要業績：①『アジアの思想史脈——空間思想学の試み』②『アジアびとの風姿——環地方学の試み』。共に人文書院、2017年。

コダーイは接近遭遇の夢をみるか？

伊東信宏

　発電所に勤めるロイ・ニアリーは、停電の復旧作業に向かう途中、機械の誤作動を起こす未知の飛行物体と遭遇する。それ以降、彼は憑かれたように UFO の情報を集め始める。そしてシェービングクリームが作る山の形に見とれ、粘土遊びをする子供が作る山にも訳もなく惹かれるようになる。奥さんや子供達はそんな彼に呆れ、次第に怯えるようになり、ロイは夫として父として、もうこんなことはやめると言って粘土の山を壊そうとするが、上部が欠けた山の形を見た途端に、それが求めていた形だった、と気づき、庭から土を運び込み、居間に大きな築山を作り出す。妻はついに彼を捨て、子供を連れて家を出てしまう。彼は一人家に残り、その不思議な形をした山を作ることに没頭する。

　この『未知との遭遇』（1977年）のエピソードが忘れられない。いや正確には、忘れていたのだが、最近思い出して、段々気になって仕方がなくなってきた。これが「人文学」研究にとって（あるいはひょっとすると研究というもの全てにとって）、一番核になるものを見事に形象化しているような気がするからだ。

　何か或ることが気になって仕方なくなる。何かに喚ばれるように或ることを調べ始める。なぜかはわからない。何かの役に立つから、とか、こういう見通しがあるから、というような理由はないのだ。自分でもわからないのだから、他人に説明などできない。そもそも何をし

ているのか、自分でも明確ではない。どこが目的地なのか、どうなれ
ば完了なのか、ということもわからない。やっているうちに段々はっ
きりしてくるかもしれないが、もちろん計画などは立たない。

　本来の仕事を放り出して、そんなことをしていれば周囲の人には呆
れられる。見放されるかもしれない。それでもやめられない。普通に
考えれば、健康な生活に戻ったほうがいいのはわかっているがやめら
れない。喚ばれているような気がするからだ。やめたら、自分が自分
でなくなってしまうような気がするのだ。

　没頭していると、あるとき啓示が来るかもしれない。ロイの場合、
一人居間に巨大な岩山のようなものを作っている時に、ふとテレビの
画面が、自分の作った山と全く同じ形を映し出していることに気づく。
ワイオミング州の「デビルスタワー」で神経ガスが漏れて立ち入り禁
止になっている、というニュースの映像だった。そして自分が作り出
そうとしていたものが実在しており、まさにこの山そのものだったこ
とを知り、その立ち入り禁止になっている山に直行する。そこに何が
待ち受けているかは相変わらずわからないままに。

　人文学研究にも、ある啓示が降りてくるかもしれない。こないかも
しれない。目的もわからず、何を求めているのかもよくわからないま
まに、調べ物をしていて、そのまま一生が終わるかもしれない。ロイ
はその意味では幸運だった。デビルスタワーの映像に出会うことがで
きたのだから。彼は様々な困難を排除して、ようやく山に辿り着き、
ガスが漏れているなどというのは、そこで行われようとしていること
を隠蔽しようとして流された偽の情報であることを突き止め、ついに
は人類と、未知の生命との「接近遭遇」に立ち会うことになる。そし
てそれにとどまらず、ロイはその未知の生命の飛行体に乗り込む唯一

の人類として選ばれることになる。

　彼は幸せなのだろうか。それはよく分からない。飛行体の中で、彼が何を知ることになるのか、それが本当の情報なのか、そもそも彼は未知の飛行体の中で、あるいは別の天体で生き延びることができたのかどうか。そういったことは明らかにならない。ただ彼は人類が新しい知の段階へと達するときに選ばれた、ということだけははっきりしている。実に明快な寓話ではないか。新しい知が、人類にとって「役に立つ」かどうか、ということは分からない。ただ、その新しい知の地平に立つためには、「説明可能な」「目的」を目指した「計画」があるだけでは足りない、ということをこの話は明示している。そしてロイが幸福かどうかはわからないが、新しい知の地平に立つ喜びがあったこともはっきりしている。

　もちろん研究にも、通常の経済活動と同じように「計画」と「微調整」によって洗練されていく面もあるだろう。「説明可能な」部分も多いし、「目的」や「方法」を示すことができる場合も多い。だが、その核に上に述べたような「常軌を逸した行動」がある、ということは、どうしても確認しておかねばならない。研究は、何かの役に立つからなされるのではない。いや実際には役に立つ研究も多いし、その価値を否定するつもりはないが、「研究」という行為にはそれを逸脱する部分、あるいはそれとは対立する部分がある。

　そんな危険なことはどこかの物好きに任せておけば良いのではないか、公的な資金をそこに投入する必要があるのか、税金を使うからには「説明可能な」「役に立つ」研究を促進すべきではないのか、というのが近年よく聞こえてくる主張である。筆者もそれにある程度同意する。もしあらゆる人がそう思うなら、人文学研究は物好きの趣味に

逆戻りするしかない。だが、本当に全ての人がそう望んでいるのか、ということは確認されるべきだろう。筆者は、むしろ人文学の研究と教育に携わる者の使命は、世界のどこかに PDCA や「説明責任」という考え方ではたどり着けないところがあり、それを追求するのも人間の可能性の一つだ、と考えてくれる人を生み出すことにある、と思う。従来の予算規模を確保するために、人文学の全てを「説明可能」なものに譲り渡してはならない。制度の側も、全てを経済活動と同じタームで設計することに疑いをもっておくべきだろう。研究の核心には、研究固有の喜びがある。それを研究の「効果」や有用性に置き換えてはならない。数年前に日本を揺るがした生物学の大事件が、この取り違えに端を発していたことは記憶に新しい。耳が聞こえない作曲家の事件でも、結局彼は「音楽の効果」にしか興味がなく、音楽の喜びを置き去りにしていた。

　東欧の音楽を専門とする筆者としては、『未知との遭遇』の最後を、かすかな救いをもって思い出す。「接近遭遇」において最も「役に立った」のは、ジョン・カーウェンが考案し、コダーイ・メソッド（ハンガリー発の音楽教育法）で用いられるハンド・サインだった。音楽の研究などというおよそ有用性とは程遠い行為も、ひょっとすると知の地平の拡大に一役買うこともあるかもしれない。寓話なのだから、そう夢見ることは許されている。

　いとう　のぶひろ。1960年生まれ。主要業績：①『バルトーク』中公新書、1997年。②『中東欧音楽の回路』岩波書店、2009年。③『東欧音楽綺譚』音楽之友社、2018年など。

「人文学の使命」と「橋を架ける」こと

中本真生子

　2003年に亡くなったエドワード・サイードの「遺書」（まえがきまで本人が書き、完成させた最後の著書）のタイトルは、*Humanism and Democratic Criticism*（邦題『人文学と批評の使命』）だった。その中でサイードは、人文学の意義と文献学の重要性を強く訴えている。「人文学は何の役に立つのか」「国立大学は役に立つ理系に特化すべき」といった言葉が騒音を通り越して轟音と化す今こそ、サイードの言葉を手掛かりとしながら人文学の「使命」を考えたい。

　そもそもサイードは『文化と帝国主義』（1993年）の中で、文化の意味のひとつに「洗練化と高尚化、各々の社会にある、知られ、思考されたものの内の最良のものの保管庫」を挙げている。この文化＝教養は「国民／民族や国家と結びつく」が、このような文化は「自国の文化崇拝を促し、〈われわれ〉と〈彼ら〉を二分する、外国人恐怖を含む戦闘的源泉となる」とサイードは警鐘を鳴らす。「自己防衛的で反射的でパラノイア的ですらあるナショナリズムが、嘆かわしいかな、しばしば教育のすみずみに浸透し、子どもたちは（中略）彼らの伝統を（他者の伝統を犠牲にして）崇拝し祝福するように教え込まれている」。そして、この「保管庫としての／砦としての」文化に対抗するものとして、サイードは「異種混淆的で雑種的な」文化の在り方を示す。「（なかば帝国のおかげで）いかなる文化も単一で純粋ではない。すべての文化は雑種的で異種混淆的で異様なまでに差異化され一枚岩

第3章　われわれはどこへ行くのか

的でないのだ」。

　そしてその10年後、9．11を経て書かれた『人文学と批評の精神』
の冒頭で、サイードは「なぜこの社会に人文学が必要なのか」と改め
て問う。「実際に使える人文学、自分が何をやっていて、学者として
何に義務を負っているかを知りたいと願い、その原理を自分が市民と
して生きる世界につなげたいとも思っている知識人や研究者にとって
の人文学とは何か」。そして彼は次のように答える。「（過去に書かれ
たものを読むことによって）集合的な過去と現在における人間の誤解
と誤読を、一層の批判的な吟味にさらすこと。過去の恥ずべき不公正
や残虐な集合的処罰、帝国的な目論見を明るみに出し、語り、批判す
ること。これこそが人文学の教育の中心にあるべきものである」、「わ
れわれの文化、われわれの言語、われわれの記念碑の美点を愛国的に
高らかに唱えるだけのものは、真の人文学ではない。人文学とは歴史
における言語の産物、他の言葉や他の歴史を理解し、再解釈し、それ
と取り組みあうために、言語の様々な力を行使することである」。サ
イードはグローバル化のなかで、もはや後戻りがきかない「多文化社
会」のなかで、人文学は抵抗の場となる／ならねばならないと力強く
宣言し、「文献学」への回帰を主張する。それは、テクストの中に隠
された、不完全で歪められているものを暴き、そのことによって現在
の社会を変えていくことに他ならない。「保管庫」ではなく「抵抗の
場」であろうとする人文学、これは人文学が、国民国家が人文学に期
待してきた教育的役割から逸脱し、むしろそれを崩していくことを意
味する。「人文学は役に立たない」という合唱の背後には、このよう
な人文学の変化もあるだろう。しかしサイード以降のポストコロニア
ル研究がこの「保管庫」が有する分断と排除の体系を明らかにした今、

人文学が「保管庫」の地位に甘んじることはあってはならない。

　サイードが批判した「われわれ」と「彼ら」を二分化する思考、認識、そして「崇拝や抑圧の道具」としての文化については、『文化と帝国主義』とほぼ同時期に、西川長夫も『国境の越え方』において言及している。西川は「世界地図のイデオロギー」という言葉で、「国ごとに色分けされた、国境があることが前提となっている世界観」の問題点を指摘した。それは国家ごと、民族ごとに色分けされる「文化」への違和感であり、西川はその後も「国民という怪物」を生み出す文化観、世界観からの脱出を説き続けた。「国民という怪物」（排他的ナショナリズムや人種主義、原理主義等）が日本のみならず、世界各地で跋扈する現在、人文学は「抵抗の場」となることができるだろうか。

　先に述べたように、サイードは「子どもたちは彼らの伝統を崇拝し祝福するように教え込まれている」と指摘した。しかし日本では義務教育のなかで「われわれ（の良きもの）」に加えて「西洋（の良きもの）」を、学び（と崇拝）の対象としてきた歴史を持つ。ここに、西洋のみならずより広い領域を対象として、「過去に書かれたものを読み、過去の出来事を知り、ここではない別の場所で紡がれた物語に心を揺さぶられる経験」の道筋を付けることはできないだろうか。人文学が「役に立たない」と言われる一方で、幼児教育の中での「読み聞かせ」、義務教育の中での「読書」は変わらず重要視され、「音読」が日々宿題として出され、「推奨図書」「読書ノート」等が子どもたちに本を読むことを奨励している。この一種の「断絶」を越える橋を架けることはできないだろうか。子どもたちに与え（時に強い）られる「読書」を、自覚的に様々な場所や時間に繋がる体験に、子どもたち

が想像力と複眼的な視点と、複数の根を持つことに繋げることは可能ではないだろうか。「児童文学」の中に、その時々の世界の諸問題が、様々な形で刻まれていることは、近年の児童文学や名作アニメを題材とした研究から明らかである。これを専門家世界の外に、そして当事者である子どもたちに届ける道を考えたい。

　サイードは人文学が専門用語、つまり「自分たちの中でのみ通じる言語」を使用することを批判している。人文学者は研究者であると同時に翻訳家、橋を渡す者でなくてはならない、と。「われわれ」と「彼ら」の断絶は、専門家と非専門家の間にも容易に穿たれる。どのような形で橋を渡すことができるのか、そして人々の間に空間的にも時間的にも「そこ」と「ここ」をつなぐ回路（知識と想像力）を繋ぐことができるのか。多くの子どもが、人が、複数の眼と複数の根を自らの内に育てられるような橋を架けること、それが現在の人文学の「使命」と考える。

なかもと　まおこ。立命館大学国際関係学部准教授。フランス近現代史、比較文化論。主要業績：『アルザスと国民国家』晃陽書房、2008年。

ストーリーの新しい「形式」を芸術に学ぶ

岡田暁生

　人文学を志す者が論文を書こうとするとき、若い頃にとりわけ苦労するのがストーリーの「形式」を見出すことである。個々のデータはがんばれば出てくる。個別の興味深く新しい知見も見いだせよう。しかしそれらをどういうストーリーの糸に組み入れていくか。これはとても難しい。だからこそ大学院生の多くは当世の学問流行の物語形式を拝借しようとして売れっ子知識人の本にかぶりついたり、自分の指導教官の論文を一生懸命読んで、その物語形式に自分がやっている対象を代入しようとしたりする。ある程度自分の語りのスタイルを持っている人なら、こういう経験もあるのではないだろうか。つまり自分ではまったく別の対象をまったく別の形式で語っているつもりなのに、しばらく時間がたってみると結局何を題材にしていても常に同じ「マイ・ストーリー」を使い回ししていることに気づくというケースである。

　ヘイドン・ホワイトに言われるまでもなく、人文学の業界で流通している語り形式は、実は呆れるくらい少しのパターンに限定されている。「〜だ。だが〜だ。だから〜だ」といった弁証法はその代表であろう。主題設定→「だが」という転回と発展→「だから（そして）」という結論。あまりこの弁証法を強く出しすぎるとアカデミックな世界では「主観を出しすぎだ」と批判されるから、結局のところ人々は「主題設定」「転回と発展」「結論」をほどよくオブラートに包みつつ

結論へ落とすトレーニングに精を出すことになる。

　弁証法的な物語性を批判することからスタートしたはずのカルチュラル・スタディーズ系の諸学も、ストーリー形式自体は極めて貧困でワンパターンという印象を私はもつ。「それだけが〜ではなかった（もう一つの〜史の類）」。あるいは「従来の〜は文化的構築物だった」。この図式にありとあらゆる文化事象が代入され、工場のように論文が大量生産されていく。しかも一方に客観主義的相対主義ともいうべき「上から目線」と「他人への批判」、そして他方に「新発見という手柄」は、学問業界の住人の病のようなものであるから、この「それだけが〜ではなかった」式の語り形式は、実にお手頃に学問的体裁を整えることの出来る鋳型となる。価値相対主義とは要するに「なんでもかんでも学問対象になりうる」ということであり、「なんでもかんでも探せばとりあえず新発見になる」わけだし、かくして「従来考えられていたような〜だけではなかった／いろいろな〜があった」という話に簡単に落とし込めるのだから。

　人文学は物語ではない——このステレオタイプな命題を完全に遂行しようとするなら、つまり論文からストーリー的恣意性をほぼ完璧に排除しようとするなら、最も手っ取り早いのは資料集積に特化することである。ひたすら価値ニュートラルに当該対象についてのデータを網羅するのである。「データベースを作って公開する」ことが人文学のしかるべき業績の一つとしてステータスを確立して久しいが、これまたモダンな弁証法的語りへの忌避感、つまりは擬似科学的客観性への人文学のコンプレックスのあらわれの一つだろう。ビッグデータの集積に特化する人文学は、もはや「それだけが〜ではなかった」という相対主義的客観主義を装う物語の形式すら捨てる。ひたすら情報を

集めてインプットしていくだけ。しかしデータ集積すれば何か見えて
くるだろうという他人まかせの道の向こうにあるのは、人文学——つ
まり Humanities 人間性——という主体の死に他ならず、人文学に携
わる者はビッグデータ形成のための作業員でいい、いや、そのうちそ
んなことは AI が代行してくれるということになりかねない。

　人文学の生命線——それは「物語性」を死守することにある。フィ
クション性を徹底的に拒否する即物主義を貫徹しつつ、しかしどうや
ろうと自らもまたフィクション以外ではありえないという厳粛な事実
を直視すること。そのうえで、その都度の対象そのものの中から生ま
れてきた——つまり既成のステレオタイプな鋳型に対象をはめ込んで、
はみ出したものを切ってしまうのではない——ストーリーの形式を見
出すこと。対象自体に忠実たるためには、選んだストーリー形式が学
問業界で公認されている鋳型を逸脱することを、時として恐れないこ
と。端的にいえば「あれは論文じゃなくてエッセイだ、小説だ」と
いったステレオタイプな批判を、必要とあらば斟酌しないということ。

　自分の専門が音楽であるせいか、私は対象自体が持っているリズム
のようなものに忠実なストーリー形式を見出すということを、とても
大切にしたいと思っている。研究対象は自ずとそれにふさわしい語り
のリズムと形式を要求すると思うのだ。リヒャルト・シュトラウスの
メロドラマ的オペラを分析するときと、シュトックハウゼンの群概念
について語るときとでは、同じ文体でいいはずがない。それらが同じ
語りの形式であるはずがない。新しい研究対象に取り組むということ
は、それについての情報知識を集めるというだけでなく、新しい形式
と文体を見出すということでもあるのだ。

　モダンの遺物ともいえる弁証法的な語りを避けつつ、しかし薄っぺ

らい「それだけが～ではなかった」に逃げることなく、そして言うまでもなく人文学の自死ともいうべきデータ集積作業員化は拒みながら、いかに新しい人文学の語りの形式を見つけるか。この問題を考えるときに大きな示唆を与えてくれるのが20世紀芸術であると私は考える。芸術から人文学が形式を、語りのシンタックスを学ぶのである。例えばカール・クラウスの『人類最後の日々』こそ、最も雄弁な第一次世界大戦史ではなかったか？　あるいはカフカの『城』の不条理劇や、巨大な交響曲の内容をたった一つの身振りで表現するといわれたウェーベルンの断片性でもって第一次大戦を記述すればどうなるか？

　ほとんど可聴域の限界ともいうべき弱音だけで展開されるクルタークの様式のようなものこそ、記憶史の記述に最もふさわしいスタイルではあるまいか？　見慣れた定型ばかりで組み立てられているように見えながら、それらすべてが意味の実質を剥奪されているようなストラヴィンスキーの『兵士の物語』の無意味な世界は、ポストモダン以後の歴史を記述するためのこのうえないモデルを提供してくれないか？　これくらい大胆な自らの形式の刷新を目指さない限り人文学の明日はないと、私は思っている。

おかだ　あけお。1960年京都生まれ。大阪大学文学部博士課程単位取得退学。現在京都大学人文科学研究所教授。主要業績：①『音楽の聴き方』中公新書、2009年、吉田秀和賞受賞。②『ピアニストになりたい』春秋社、2008年、芸術選奨新人賞。③『西洋音楽史』中公新書、2005年④『オペラの運命』中公新書、2001年、サントリー学芸賞受賞など。

人文学宣言

2019年3月16日　　初版第1刷発行　　定価はカヴァーに表示してあります

編　者　山室信一

発行者　中西　良

発行所　株式会社ナカニシヤ出版
〒606-8161　京都市左京区一乗寺木ノ本町15番地
TEL 075-723-0111　　FAX 075-723-0095
http://www.nakanishiya.co.jp/

装幀＝宗利淳一デザイン
印刷・製本＝亜細亜印刷
© Shinichi Yamamuro et al. 2019
＊落丁・乱丁本はお取替え致します。
Printed in Japan.　ISBN978-4-7795-1351-0　C0010

本書のコピー、スキャン、デジタル化等の無断複製は著作権法上での例外を除き禁じられて
います。本書を代行業者等の第三者に依頼してスキャンやデジタル化することはたとえ個人
や家庭内での利用であっても著作権法上認められておりません。

社会的なもののために

市野川容孝・宇城輝人 編

平等と連帯を志向する〈社会的なもの〉の理念とは何か。その歴史的形成過程を明らかにし、それが何であったのか、何でありうるのかを正負両面を含めて明らかにする。暗闇の時代に、来るべき政治にむけた徹底討議の記録。

二八〇〇円

最強の社会調査入門

これから質的調査をはじめる人のために

前田拓也・秋谷直矩・木下衆・朴沙羅 編

「聞いてみる」「やってみる」「行ってみる」「読んでみる」ことからはじまる社会調査の面白さとその極意を、16人の社会学者が失敗経験も含めてお教えします。面白くてマネしたくなる最強の社会調査入門！

二三〇〇円

人と動物の関係を考える

仕切られた動物観を超えて

打越綾子 編

動物実験における倫理的福祉的配慮、畜産動物のウェルフェアレベルを上げる努力、自治体における愛玩動物の保護、野生動物をめぐる法的な課題、動物園における実践等、それぞれの現場からの報告と対話。

二〇〇〇円

モダン京都

〈遊楽〉の空間文化誌

加藤政洋

漱石や虚子、谷崎らが訪れた〈宿〉、失われた席貸の風景。花街や盛り場の景観の変遷……。文学作品や地図、写真などをもとにモダン京都における〈遊楽〉の風景を再構成する。

二三〇〇円

＊表示は本体価格です。